日思夜读·奋斗卷

所有的苦
以后都会笑着说出来

人民日报新媒体中心 主编

人民日报出版社

图书在版编目 (CIP) 数据

日思夜读. 奋斗卷：所有的苦，以后都会笑着说出来 / 人民日报社新媒体中心主编. —北京：人民日报出版社，2017.12
ISBN 978-7-5115-5130-6

Ⅰ.①日… Ⅱ.①人… Ⅲ.①散文集—中国—当代 Ⅳ.①I267

中国版本图书馆 CIP 数据核字 (2017) 第 295338 号

书　　名：	日思夜读. 奋斗卷：所有的苦，以后都会笑着说出来
作　　者：	人民日报社新媒体中心
出 版 人：	董　伟
责任编辑：	谢广灼
装帧设计：	宁亚茹
出版发行：	人民日报出版社
社　　址：	北京金台西路2号
邮政编码：	100733
发行热线：	（010）65369509　65369527　65369846　65363528
邮购热线：	（010）65369530　65363527
编辑热线：	（010）65369533
网　　址：	www.peopledailypress.com
经　　销：	新华书店
印　　刷：	北京中科印刷有限公司
开　　本：	880×1230mm　1/32
字　　数：	136千字
印　　张：	8.25
印　　次：	2018年1月第1版　2018年1月第1次印刷
书　　号：	ISBN 978-7-5115-5130-6
定　　价：	42.00元

目录

所谓的厉害，
就是让这个世界，
因为有了我，
会有一点点差别。

010　你以为我有多幸运，我就有多努力 / 徐莹月

015　单身是最好的增值时期 / 杨熹文

021　你有多努力的现在，就有多不惧未来 / 呼呼猫妈

026　这世上，从来没有一无所获的付出 / 老妖

032　所谓奋斗，其实也没那么艰难 / 一直特立独行的猫

036　你到底还要奋斗到什么时候 / 徐嗖

042　在喜欢的领域里打一场漂亮的持久战 / 沐沐

046　当爱好遇见坚持，就是才华 / 沐沐

049　耐住寂寞才会赢 / 王慧敏

052　这个世界，并不会辜负你的努力 / 谢可慧

059　那些不声不响就把事情做了的人 / 海欧

063　你必须十分努力，才能看起来毫不费力 / 钱饭饭

067　你努力生活，不是为了给谁看 / 谢可慧

B

你要尽全力保护你的梦想。那些嘲笑你梦想的人，
他们必定会失败，他们想把你变成和他们一样的人。
我坚信，只要我心中有梦想，我就会与众不同。
你也是。如果你有梦想的话，就要去捍卫它。

079　你有一个梦想，然后呢 / 芝麻

084　我们只不过是要努力奋斗，使当初的选择变得正确 / 赵星

088　为什么很多人的新年梦想只是梦想 / 李尚龙

093　哪有什么天生幸运 / 入江之鲸

099　命运从未亏欠过你的努力 / 江罗

104　为了诗和远方，你不知道别人有多拼 / 依娜

109　我始终相信努力奋斗的意义 / 卢思浩

116　现在偷的每一个懒，都是给未来挖的坑 / 蒙琪琪

121　你要感谢你自己 / 林宛央

131　你还没真的努力过，就轻易输给了懒惰 / 渡渡

138　为什么越努力越焦虑 / 艾小羊

142　下班后的生活，决定了你能走多远 / 李尚龙

目录

- 151　年轻，就是拿来折腾的 / 李尚龙
- 155　你那么年轻，还不懂努力奋斗的意义 / 暖先森
- 159　我们还年轻，不够好又有什么关系 / 七月
- 164　你二十几岁，迷茫又着急 / 闻人很二
- 170　没有谁的成长是容易的 / 谢可慧
- 176　你啊，不要等到碰壁了才想起努力 / 愈姑娘
- 180　你若顽强到底，一切皆有可能 / 赵兵
- 183　你远没有自己想象中的那么努力 / 何德恺
- 188　年轻人，优秀才是你的发言权 / 杨熹文
- 193　你不是怀才不遇，你是怀才不够 / 查建树
- 197　努力很难，但是不努力真的很舒服吗 / 愈姑娘
- 201　真正让人变好的选择，都不会太舒服 / 米格格
- 206　催我们变优秀的，是跨在背上的自己 / 米格格
- 210　愿你有愿赌服输的孤胆，也有重新开始的决断 / 安乔
- 214　别让自己一直停留在"舒适区" / 别吵我烦着呢

D

妈妈说过，
要往前走，
就得先忘掉过去。
我想，这就是跑的用意。

221　拖延症还能有解吗 / 张璁

224　与其抱怨，不如改变 / 莫主编

228　年轻人哪，不能太舒服了 / 徐嗖

234　所有偷过的懒，都会变成打脸的巴掌 / 巫小诗

237　我们如此努力，是想对人生多一点控制力 / 陶妍妍

244　世上哪有那么多捷径让你走 / 别吵我烦着呢

250　所有的苦，以后都会笑着说出来 / 阿春牧羊犬

254　为什么你总是那么忙，却又什么都做不好 / 汤小小

259　你只是看起来很努力 / 李尚龙

修养的花儿在寂静中开过去了,
成功的果子便要在光明里结实。

不负光阴就是最好的努力,
而努力的你就是最好的自己。

所谓的厉害,
就是让这个世界,
因为有了我,
会有一点点差别。

《那些年,我们一起追的女孩》

你以为我有多幸运，
我就有多努力

文·徐莹月

电影《美人鱼》火得不行，女主角林允自然受到来自四面八方的关注。大家都在好奇，为何一个如此平凡的女孩，可以一出道就担任如此大制作电影的女主角，而且她随后还相继被徐克《西游降魔篇2》和郭敬明《爵迹》看中，她究竟有什么样的魔力？

一夜成名，仿佛是被上天选中的安琪儿，多少人都羡慕不来。起初，我和大家一样，对这个幸运儿感到好奇，后来因为公司的活动，我有幸见到了林允。记者问她：18岁就当选为星女郎，一夜成名如此幸运，让人羡慕不已，你对此有什么想法？

官方的回答大概是："我偶然陪朋友来参加海选，真的没想到能被星爷选中，确实很幸运，感谢感恩！"但是，她没有这么说，她回答："别人越羡慕，我付出得就越多，你有多羡慕我，我就付出了多少。"

你们爱听哪一个版本？是一夜成名"天才梦"的传奇，还是日复一日努力的无聊故事？大概很多人都爱听前者，爱看上天选中幸运儿的童话，因为真相往往是赤裸裸的，并不太好看。但林允说了实话，对于一个家境普通、毫无背景、小城市来的女孩，她拥有的一切不是天赐的，是她努力得到的——你以为我有多幸运，我就有多努力。

我有一个作家朋友，是我所认识的写作的人里书籍销量最好也是最有名气的一个，写书赚了一间小房子，基本实现了财务自由，过上了闲云野鹤的生活。我们都很羡慕他，觉得他好幸运。后来越来越熟悉，他告诉我，他年轻时因为叛逆辍学，没有学历没有名气，为了维持生活，过了一段在工地当打工仔的日子，天天给包工头搬砖。一边搬砖一边写书，日码1万字，坐地铁在写，上厕所也在写。后来因为写连载被网站编辑推荐，慢慢积累写作经验和人气，文章也越写越好，历经三年，才逐渐有了名气。

"都说我写得好，其实我是写得多啊。"他说，"多写写总有一些会受到大家喜欢的。我还有好多压箱底的废稿，无人问津呢！"

大家看见了他成功后的舒坦，却没有看见他背后的辛酸。世间事大多如此，有时候你没有看见的，才在事情的真相记忆当中。

我来了北京之后，认识了很多创业公司的CEO，其中一些非常年轻，公司仅仅成立几年，但成长得非常迅速，估值动辄上亿，还准备上市，事业风生水起。外界都说是青年才俊，创业新贵。然而，他们很多也是从北漂做起，度过给人打工、交不起房租、每月月光的日子。可以这么说，几乎每个白手起家的创业公司CEO，都经历过无数个加班到深夜甚至凌晨的日子，都曾经是或者现在依旧是公司最忙碌的那个人。

我有一次问到一个创业非常成功、公司运营已经非常稳定的CEO，为何能这么成功，他说：当你为一件事情拼命努力的时候，全世界都会帮你。

莫道君行早，更有早行人，成功的人都会用这句话来激励自己，而失败的人总是用各种借口来安慰自己。最怕的不是一生庸碌无为一事无成，而是一事无成还安慰自己平淡是真。要么就和自己的平庸握手言和，要么就让自己的努力配得上自己的梦想。

何炅曾说："想要得到，你就要学会付出，要付出还要坚持；如果你真的觉得很难，那你就放弃，如果你放弃了就不要抱怨。"人生就是这样，世界是公平的，每个人都是通过自己的努力去决定自己生活的样子。

努力、坚持并付出，才能得到自己想要的生活。

过年回家，读九年级的小侄女考得不错，还得了奖状。我问她："你们班今年谁考第一呢？"她说："还有谁啊，就是强子呗，他年年考第一。"我说："这么棒啊！"小侄女说："不过老师不喜欢他，强子上课总是不听！讲课时干自己的事儿，有一次还指出数学老师讲课讲错了！"我不禁感叹："看来真是天才儿童啊，不学习都考第一！"

小侄女说："不是的！强子哥早在暑假的时候就提前把四年级的课程都学完了，老师讲的他都知道，所以不听课呗。"

你以为学霸不听课就能考第一？其实人家是在你放假玩耍的时候早就学好了。

有句老话，天才是99%的汗水加1%的灵感。不论汗水和灵感哪个更重要，仅有汗水，没有灵感不行；可是仅有灵感，却不懂得付出汗水，最后的结局也只能是"伤仲永"。

学习、工作，各行各业，最后能脱颖而出的都是其中的精英。精英何来？除却天赐慧根之外，更需要的是不断地努力。台上一分钟，台下十年功，"无敌"的背后是无数个默默无闻、一直在拼命努力的夜。所以，我从来不信什么一夜成名的传说，只信一

> 如果有一天,你的努力配得上你的梦想,
> 那么你的梦想也绝对不会辜负你的努力。

分耕耘一分收获。

  如果有一天,你的努力配得上你的梦想,那么你的梦想也绝对不会辜负你的努力。就像来自遥远赤道的春风,它穿过高高低低层层重叠的山脉,抵过西伯利亚强烈的冷空气和阴暗潮湿的连绵梅雨,终会吹到你的耳边。

单身是最好的增值时期

文·杨熹文

二十几岁开始,我渐渐习惯了一个人的时光,仿佛作为一个成年个体,从这个年龄出发,就有了必须要独自去经营和挑战的生活,和他人再无牵扯的关联。最惨的是,那一年我和男朋友分手了,生活里至此少了一个可以分享快乐和承担幽怨的角色。我突然发觉身边怎么连个一起看电影分享爆米花的人都没有了,坐在电影院最中间的座位,看一场刺激暴力的枪杀片,3D眼镜里的子弹嗖嗖地射在我身上,我捂着胸口,被一群情侣包围着,一个人暗暗流着泪。

那段身处异国的时期,即便把生活用打工装满,每天晚上回到家里,心里却依旧是空空的。失去了身边男生的长久陪伴,仿佛失去了一种共同探索生活的乐趣,我听得到生命里有一扇窗被重重地关上,从此再也不能够从那里窥探到外面世界的璀璨和美好。于是每天晚上十点后,我从打工的餐馆回到家,一颗心百无聊赖,趴在床上,打开电脑看两集《柯南》,五分钟刷新一次人人网和朋友圈。可是长久以来，我的精神异常空虚，生活严重缺乏动力，这是一种从心理上散发出的苍白，比体力上的疲惫更要糟糕。深夜里盯着天花板，身体早已睡去，精神上却清醒无比，呆呆地看窗外投进来的车灯在墙上拉出长长的光影，双手揽住膝盖，害怕明天。我听得到自己失望的声音在无边的黑暗中蔓延，这就是你日复一日的生活吗？

有一天读到一篇文章，讲的是台湾文案天后李欣频如何用诗歌般的创意文字将诚品书店塑造成为台北市的文化地标。那一年，三十七岁的李欣频已经去过三十七个国家，用七年时间出版了二十六本书，坚持一天读一本书，一天看一部电影。她说："每天看一本书，一年就能与别人有365本书的差距。阅读是一个很棒的感受，召唤另外一个灵魂来跟你对话。这是最大的资产，没人可以拿得走……"这个把生命活成一场盛宴的女人，成全了我日后的自我拯救。

那时精神上贫瘠不堪的自己，迅速被那种向上的生活方式所吸引。倚在床头，披头散发，借着台灯微弱的灯光一边吃薯片一边喝软饮料觉得生活无聊透了的我，不禁问自己，距离三十七岁还有多少日子，到那个时候，我可以成为李欣频那样背着大大的双肩包，用纸、笔、相机来施展创作欲，满脑子都是新鲜想法的特立独行的女人吗？我开始意识到，如果只以每天看两集《柯南》再紧盯朋友圈更新的态度来生活，我可能在三十七岁时迎来这样的人生——熬到了《柯南》大结局，或许也顺便看完了《银魂》和《海贼王》，朋友圈的更新日新月异，只有我被腐蚀在岁月的渣滓里。

这种关于未来的设想，像是一记耳光，啪的一声落在我年轻的生命里。从前的我，坚信男人是一扇窗，可以带我领略外面无尽的风光，他们对世界有种无边的探索欲，天生懂车懂历史也懂股票，脑瓜儿一转就知道哪里有青山绿水的美景，哪里有精致可口的西餐，哪里的影院有最好的音效，哪里的酒吧有知名的乐队驻唱……所以当这扇窗被关上，我的世界仿若失去一束光，却忘记我也有生命自备的锄头，只要拾起来亲自动手，也可以砸掉隔开自己与世界的这层屏障，在单调枯燥的生活里竖一扇宽敞明亮的落地窗。生活的层次深浅，最终是要依靠自己去决定的。

就是在那一年，我发觉单身的时光，并没有想象中那般无聊，如果能够在生活里为自己树立良好上进的目标，在持续不断的坚持下目睹生活的蒸蒸日上，也是一件踏实美好的事情。我为自己的人生列出了一张清单，从前恋爱时没有时间看的书和电影，终于可以用一个人的日子慢慢品味欣赏；从前恋爱时享受美食不知不觉长到身上的赘肉，终于可以有足够的空闲用跑步去消除；从前恋爱时每到月底总是捉襟见肘的财务状况，终于可以用大把的时间去好好赚钱改善生活；从前恋爱时未曾设想过未来，终于可以静下心来和自己来一次认真的对话。

那一年，第一次沉下心来为自己做一次生命的改造，发觉除去爱情，生活中还有那么多的东西值得自己细细体味。严歌苓笔下辛酸的移民故事，大卫·芬奇镜头里的悬疑片，跑步机上持续不断的慢跑，细细琢磨菜谱、认真烘焙的巧克力饼干，都为生命提供了一种热闹欢腾的存在形式。单身的这一年，我读了二百余本书，看过九十多部电影，跑了一千几百公里的距离，吃掉很多让人感动的自制美味。我发觉读书是让人成长最快的方式，运动提供了静心思考的途径，看电影是旅行的最佳替代品，研究美食是女人的另类才情……单身清单上的大多数可以被移除，而那些暂时还没有完成的，就留给更加努力的下一年，我的精神达到前所未有的活跃程度。

感性多于理性的女人总是喜欢用经济学去衡量爱情，把不同质量的男人比作股票，纷纷想扔掉垃圾股，抓牢潜力股，看准绩优股。可是在购买股票之前，若想稳赚不赔，是否也该保证自己是个深谋远虑的智慧股东呢？

几天前去朋友家做客，朋友正忙着做家务，弯着腰除尘，抬头时撞到坏掉的微波炉，顿时眼泪止不住地掉下来，我急忙安慰她，朋友却摇摇头："不是因为太痛，是因为心情太糟，我怎么总有做不完的家务、担忧不完的心事呢……"我环顾这个小小的家，只不过才经历一年的时间，角落里就堆满杂物，需要清洗的衣服垒得老高，天花板上的霉点清晰可见，锅碗瓢盆堆在水池里还带着上一顿的食物残渣。我听着朋友开始数落那个下班后就坐在电脑前打游戏的懒男人，却没忘记那一年失了恋的她，抓住了那个男人顺下井底的一根稻草绳，迫不及待地爬出来，是多么的狼狈。

而我的另一个朋友，是出了名的有性格。每一次分手，都要有一年的闭门期，她把这称为一种修行。这段空档期，用来清空旧的情绪垃圾，用足够的时间完善自我，不会把重心再放在爱情上。她会挑一件新鲜的东西去学，插花、日语、舞蹈、高温瑜伽，又或者来一次静心的旅行，不管是哪一样都全身心投入，用新的知识和眼界提升自我。等到闭门期一过,她再欣然接受男人的邀请,而这下一段的恋情,大多质量要比上一次的好。就像李欣频说过:"一定有好男人,只是你的视力还没到看得见的位置。假设好男人在5楼,自己在1楼,可能只看得到地下室的男人,到山顶你就会看到其他山头,而一直停在山脚下只会看到路边摊和垃圾堆。"

你听说过这样一个实验吗?在一个房间放满了不同频率的音叉,如果振动其中一个音叉,另外一个和它振动频率相同的音叉也会被引动,后来它被延伸为一个理论,多年来被身边的人不断证实:一个人的思想、情感都带有一定的振动频率,所以会吸引和他振动频率最相近的人、事、物。所以,现在的你或许失了恋单了身,还在对那段伤心的旧情耿耿于怀,请收起你的眼泪和失落,因为生活欺骗过我也告诉过我,生命是一场公平的赛程,在时光轴的这一端你潜心修行,那一端就一定会有更好的人在等着你,他健康向上、幽默开朗、睿智忠诚,正等着许你一生的好光阴和不辜负。

你有多努力的现在,
就有多不惧未来

文·呼呼猫妈

记得结婚的第一年,我和先生经常吵架,基本一个月就能来一次惊动邻居的大吵。我总觉得他对我不够好,一点不如我意都能被我上升到他不爱我的层面,然后就难过委屈,哭得梨花带雨。

好在,每次吵架的结局我都是"被赢"。先生主动认错示好,听着我历数他的不是,以及对他提出的各种要求。现在想来,那时的我实在是太过于放任自己而苛求别人了。

没有共同语言,为什么要求先生去了解我的兴趣和爱好,而不是我去了解他的?

对话不愉快,为什么要求先生去提高沟通技巧,而不是我自己去提高?

不知道我的心思,为什么要求先生时刻关注我的内心,而不是我试着向他袒露心声?

当你没有安全感时,就很容易对别人要求太多。我们无法看到自己的不足，所以才总觉得别人不好。我们无力改变自己，所以才总习惯给别人提要求。我们自己就是空的，所以才要求别人不断给予。

可是，不断地被人给予，安全感就真的有了吗？

大姐在两年前辞掉了工作，在家做全职太太。之前的工作给大姐的压力太大，她整天神经紧绷，愁眉苦脸。姐夫看着心疼，就让她辞职了，反正家里也不缺钱。

起初，大姐还蛮享受不用上班的惬意生活。可没多久，她就心底发虚了。自己不赚钱，怎么都没底气。虽然姐夫会给足生活费，让大姐花钱不愁，但她还是觉得不牢靠。

因为在钱上没了底气，大姐整个人都丧失了自信。她总担心被老公嫌弃，想着万一哪天离婚了，自己一毛钱不挣，连养活自己的能力都丧失了。尽管姐夫再三强调不会嫌弃她，更不会跟她离婚，甚至把工资卡都一并交给大姐管理，但大姐的心还是不踏实，对未来充满不安。

她跟我说，虽然现在有花不完的钱，但谁又能保证将来呢。万一你姐夫失业，或者他抛弃了我，我连点经济来源都没有，怎么应对？

我们总在抱怨别人给不了自己安全感，其实安全感更多来源于自己。一个没底气的人，别人再怎么给，他还是没有安全感。因为别人已给的，只会发生在过去和现在。将来还没到，给予的承诺再真诚，在没发生之前也是空话，它会随时生变。

安全感，不仅仅是对现在的感受，更多的是对将来的感受。将来的事，总归是靠自己才更牢靠。

安全感是每个人的心灵所需。有了它，就像不倒翁有了坚实的底座，即使摇晃得再厉害，也能恢复平静，稳定不倒。

小丽离婚了，因为老公出轨。离婚时，小丽没有得到任何财产。房子是前夫婚前买的，家里的积蓄又被前夫偷偷给小三败光了。充满危机的中年，失婚、没房、没钱，小丽彻底跌到了人生谷底。

小丽的妹妹去陪她，想多多开导她，免得她想不开。只和小丽聊了一会儿，小丽的妹妹就发现小丽根本不需要担心。

她完全没有陷入对未来的不安之中，反而情绪稳定，心态积极，一副老娘随时可以"东山再起"的架势。

随后一年的时间里，陆续发生的事见证了小丽妹妹的预判：因为不用跟有外遇的丈夫生气，小丽的心情和精神面貌越发好了；没有了糟心的事，小丽有了时间和精力带着女儿出去旅行，和闺密好友们聚会，日子比之前过得还滋润；她本就有一份年薪不错的工作，只存了半年的钱，就付了首付给自己买了一套房；就在前几天，小丽还向大家宣布交了新的男朋友。

小丽没有在遭遇逆境时失去安全感，是因为她始终对自己有信心，她相信自己一定能好起来。

全身心被安全感包裹的人，从来不是因为他们时刻处在顺境之中，而是因为他们始终相信，哪怕遭遇不顺，自己也能走出逆境，越来越好。

当然，这种扭转危局的自信是需要自身的能力的。

公司在上半年裁掉了不少员工。其实，裁员之前早有迹象，很多同事都惶恐不安。有次私下闲聊，我问同事小米是不是也很担心被裁。他说不担心，反正被裁了立马就能找到一份新工作，正好趁机给自己多要点工资。

裁员果然没有他，他不仅没被裁，还升了职加了薪。

原来，铁饭碗不是一份永远不会失业的工作，而是随时都能获得更好工作的能力。

小米就是这种有能力的人。技术上遇到疑难杂症，别人几天攻克不了，交到他手里，几小时就能搞定；客户刁难，别人怎么劝，客户都不依不饶,他一出面,几句话就能缓和客户的情绪;新来的"大牛"同事不服管理,别人说话他都顶两句,和小米合作时,"大牛"同事就很服气。

正是因为他拥有别人没有的能力,才能不用像别人那样忧心忡忡,担心裁员的事。

其实,想来也正常。决定别人是否抛弃你的,说到底总归是你自己;决定将来的生活是否稳妥顺遂的,说到底总归是现在。安全感从来不是无缘无故就有的。你的能力越强,你的安全感才能越足。

每一天,为明天。我们每一个人都应该过好现在。因为每一个踏实努力的现在,都将化成骨子里的底气,让我们不畏将来。

这世上，
从来没有一无所获的付出

文·老妖

有同学给我发邮件，诉说自己的各种困惑。大意也是在老家的事业单位里无所事事，不喜欢，却又不知道该喜欢什么。我回复，如果不甘心，就去学自己喜欢的东西，等待机会找到适合的工作。

对方却满是忐忑和不安：学了就一定能找到工作吗？我喜欢英语，想做翻译，可是自己没有一点儿经验，就算把英语学得再好怎么可能会有人要我呢？我不是怕辛苦不愿意去学，而是我很害怕，英语专业毕业的那么多，自己学了之后，也许根本就没有用！

可是亲爱的啊，这个世界上，又有几个人，能够保证，自己现在所做的任何决定，付出的任何努力，就一定能够得到未来想要的结果，就一定是自己理想中"有用"的呢？

我有个朋友，S小姐，从小就喜欢日本动漫和日剧，常年熏陶下，能够听得懂大半的日语日常对话。大三的时候，她突然下定决心要学日语，当时我们都吓了一跳——为了更方便看动漫和日剧而学习日语，这个理由也未免过于牵强和不着调。

然而，她还是去报了日语学习班，本来喜欢赖在床上抱着电脑刷新番（日本最近出的动画）的她，一周三节课，一次也没缺过。我们起初都以为她只是一时兴起，却没有想到，她一直坚持到了大学毕业。毕业前，她去考了一次日语二级，没有考上。她也没有从事任何和日语有关的工作，而是回了老家，去了一家报社。

我以为她早已淡忘了日语，跟她打趣："你看看你，若是大学那两年没有抽风去学日语，把时间用在正经地方，现在说不定在读研究生或者已经有相处得很好的男朋友了。"没料到，她却回答："我一直都在学日语啊，毕业之后也没有间断过。"我不禁好奇："可是，你明明那么忙，不累吗？而且，学日语有什么用呢？"她回："其实我没想太多。最开始，确实是因为想要追新番，可是学到后来，真的对这门语言感兴趣，就一直坚持了下来。至于有没有用，现在还没有想好。"

S小姐住在三线小城市，大概一整年，都不会见到一个日本人，当地也没有日企，花这么大力气学日语，做什么呢？我想，不管怎么说，学点儿东西总比打麻将好。但年底跟她联系，她却告诉我，已经申请了日本的大学，打算出国留学。

我震惊了:"你居然自学到了可以申请学校的地步?"她笑:"也不算完全自学,一直上课,只是需要平时多花点工夫。"我还是震惊:"你哪儿来的钱?"她还是笑:"我跟爸妈预支了我的嫁妆,工作两年自己也没有什么花费,都攒下来了,应该够了。"

我没有再问她,为什么一定要去日本。只是我惊讶,一个姑娘,居然可以花五年的时间,不声不响,朝着自己的目标坚定地前行。这些年,有多少人劝阻过她呢?自诩为她好朋友的我,不也是告诉她,学日语没什么用吗?

她不知道自己需要用多久才能看得懂念得出那一个个陌生的单词;也不知道自己什么时候才能通过考试,拿到日本大学的申请;更不会知道一心想要她嫁人的爸妈会不会同意把她的嫁妆钱拿出来供她留学。也许,她也不知道,自己到了日本后会有怎样的际遇,会不会顺利找到工作,能不能因此赚到更多的钱。

我还有个高中同学 Y 小姐,从高中的时候开始喜欢同班的 W 同学,追求了他整整四年。高中的时候,Y 小姐每天早上给他买包子和豆浆;大学的时候不在一个城市,她拼命做家教发传单只为了攒钱买火车票去看他;甚至在他 20 岁生日的那天,她送给他整整一罐子的千纸鹤,每一张打开都是她记得的,有关她喜欢他的每一天……他很感动，但还是拒绝了她。

我问W同学，为什么？W同学的声音满是困惑："我也不知道，我只知道我对她没有心动的感觉。"整整四年的付出，只换来一句"没有动心的感觉"。他对她始终冷淡，经常不接她的电话，不回短信。她送他那么多礼物，他几乎都没有拆开过。就连她去找他，他也满是生疏和客气，而最残忍的是，他一直单身。

我们都替Y小姐感到不值，从十六岁到二十岁，她为一个人付出了太多太多，几乎失去了自我，却仍旧是竹篮打水一场空。后来，他们去了同一个城市工作，我们都以为这次总算是修得正果，可是他们依旧是没有在一起。

我问Y小姐："是不是后悔了？"她却摇了摇头："对我而言，他是我一直不断向前的动力。因为喜欢他，总担心自己不够美、不够好，所以拼命努力了这么多年，才修炼成今天这副走在大街上有回头率、在办公室里也能独当一面的样子。我等了他很多年，却也终于明白，感情的事勉强不了，以后，我不再等他了。"说罢，她又笑起来："就凭我，也不怕没有人追求。"

十几二十岁的时候，人总会格外迷茫。想要做某件事，不敢去尝试；喜欢某个人，也不敢去追。我们所担心的无非是，害怕付出了满腔的热血和期待,却没有收获预料之中的结果。

我今年年初跳了一次槽。在别人眼中,我做得很不错,只花了一年时间就能够跳到业内前列的公司,可是我却整个人都陷入了无边无际的恐慌和焦虑当中。之前积累的,在新的公司,大都没有什么用处。而我在接触新的工作内容的时候,却发现自己知道得太少,了解得太少。

原本以为自己至少有点儿成绩,可是事实却给了我无情的打击,原来我仍旧是个新人。我迷茫,脾气暴躁,整天情绪不佳,却又不知道该如何是好。有前辈劝我说,知道自己不足,就花时间多学一点儿啊,慢慢来就好。我却迟迟没有行动,因为心里头想的是,别人都在大步狂奔朝前跑,我现在回头去学习行业基础知识,有用吗?而迟疑的结果就是,在跳槽后的前几个月,我压根儿都做不出任何东西。

过了好些时间,我才渐渐意识到,所谓的认为没有用,认为付出没有回报,都不过是急功近利的表现——期待着某天上天突然赐我天赋异禀,就足以担当大任,却不愿意脚踏实地去学习去积累。因为我觉得,那样太耗费时间;而最糟糕的是,有可能学了很多,也依然什么都不会。

可是，我们本来就无法预料，自己此时做的事情，能够对未来的方向和路途有多大帮助。我们也根本无从判断，在达到自己想要的目的之前，到底哪些努力是必需的，而哪些只是无用功。

说到底，我们都不过是普通人，没有足够睿智去替自己挑一条没有曲折的康庄大道走，只能在不断的尝试不断的试错中回头，重新开始，换得一点点的进步。唯一值得安慰的是，这个世界上，根本没有一无所获的付出。

我终于不再抱怨，开始看一本又一本的专业书，了解行业背景，多跟前辈请教和交流。我不会一日之间成为业内大神，可是这种踏实的成长，让我分外安心。

不要在意自己的付出什么时候会收到回报。你只要确定，这件事是你想做的，那就足够了。至于什么时候能够真正修得正果，与其整日焦灼不安，不如顺其自然，多思考，多行动，总比无意义的迟疑和观望要好。

毕竟，我们所能拥有的，多不过付出的一切。

所谓奋斗，
其实也没那么艰难

文 · 一直特立独行的猫

很多人问我："读了你的书，觉得你那么拼，这样的生活累吗？"很多人看完我写在北京租房的文章问我："这么艰苦的条件，要我根本坚持不下来。"看到这些话的时候，总觉得诧异，因为自己心里并没有觉得艰苦，无非是某些事情对自己有点要求，不能比周围人差太多罢了。可能我是一个对物质要求不高，也对自己比较苛刻的人。回顾过去的日子，并不灿烂，也不凄惨，只有深刻，一幕幕都在自己的回忆里，没有后悔，也没有遗憾。我看得见自己的成长，看得见自己的变化，因此对得到过怎样的回报，不管大小都心之坦然地接受，这就够了。

可能是选秀节目里流着眼泪讲完的奋斗故事挺多了，很多人都会觉得奋斗一定是件常人难以忍受、说起来都必须流眼泪的事。可事实上，所谓无法忍受，无非是"由奢入俭难"而已。离开了父母温暖的小怀抱，便会觉得早起自己挤公交吃盖浇饭就是苦，租个小破房子没空调就是苦,上班被领导骂几句,被同事翻个白眼,甚至出门被一片落叶啪唧打脑袋上也能落下泪来。可这就是年轻人的生活本来该有的样子,到底苦在哪里了?

公司里的小朋友跟我说:"星姐,为什么我总觉得我的生活很艰难,快要支撑不下去了呢?"其实,没什么事情你支撑不下去。如果有,原因只有一个,你还有后路可选。比如小朋友的房租都是爸妈在付的,自己只用工资买买衣服、看看电影,生活还算优越,也遇不到什么特别的困难和危险。脑子里总有后路,便不会为自己下什么狠心,也就不愿意去承受什么艰苦一点的环境,吃差一点的饭菜,走远一点的路。稍微付出点儿,就会觉得自己不该过这样的生活,人生迷茫得不行。

我总收到很多人的来信,都跟迷茫有关。不是上错了专业,就是工作不喜欢,再或者就是自己应该去大城市发展,不该窝屈在这小地方,仿佛全世界的人都摆错了自己的位置。其实人生中哪个阶段都会有困惑和迷茫,跟有没有钱、成功与否都没有关系。这世界有很多让人觉得特别励志的人,并不是因为他们都活明白了,而是因为他们更愿意在遇到问题的时候多自省和思考一步,更能坦然地接受每一次麻烦的发生,并有足够的信念不断打碎自

> 奋斗应该是一种信念、一种态度，让你面对未来的时候信心满满，回顾过去的时候心情淡然。

己，捏一个全新的自我。鼹鼠说过一句话："倘若你的生活里什么麻烦都没有了，那你离死也不远了。"每当我遇到问题和麻烦心急火燎的时候，总会想起这句话，便会庆幸，自己还好好地活着。

　　上周开始上研究生课程，课堂上老师讲了一个道理，信念对人的行为和发展有非常重要的指导作用，也就是所谓的你是怎样想的，便会怎样行动。畅销全球的《秘密》这本书的核心意思也本来如此（这个道理还有一个名词叫"夏威夷巫术"）。我便想起一件很小的事。有时候我会在网上推荐一些好书，很多人会留言说："我还是穷，我买不起啊。"有时候我写到健身，很多人会留言："我这么穷，哪有钱去健身房。"其实，买一本书和去哪里健身并不会让你花什么大钱，但我觉得，总说自己穷的人，真的会永远苦下去。我记得我刚实习、薪水一个月350元钱的时候，便开始盘算，如果想五年内买房，首付至少要多少，每年需要赚多少存多少；看到别人生孩子在环境优美但价格昂贵的私立医院，我便也觉得等我生孩子的时候也要去这样的医院。这种想法可能很多人会觉得俗，一点都不文艺清新，这不就是攀比吗？但对我这种爱钱的人来讲，这是一种生活的信念，奋斗对我而言，就是由一个个信念组成的。这些信念可能是你的父母一张银行卡里的钱，可能是你生来就有的资源。我没有，但我有信念。有信念，生活就不会苦，也不会难。

我还有一个朋友，中专毕业，父母都是最普通的农民，他在北京一直生活在郊区最低层。我认识他的时候，他就像接受过传销蛊惑一样，极度相信自己五年后会去美国发展，一定能成为富豪。五年后的前不久，他真的带着老婆孩子生活工作在美国了。也许你会说，他在美国也是屌丝。但这不重要，重要的是他实现了第一个梦想。有信念的人，未来都不会差。

其实年轻的路上谁都一样，迷茫、彷徨，对未来没把握，不知道自己的未来在哪里。所谓的奋斗，不是让你天天泪眼婆娑地看到一片落叶都觉得自己孤单凄惨，不是让你回忆往事的时候就哽咽得说不出话来。奋斗应该是一种信念、一种态度，让你面对未来的时候信心满满，回顾过去的时候心情淡然。所谓的奋斗，其实无非就是一天天重复普通的日子，并努力把普通的日子过出不同的花儿来，可以吃点粗茶淡饭，愿意走远点路上班，耐心地等待和努力，心中抱有对更好的生活与人生的信念和希望，这，其实没有多艰难。

你到底还要奋斗到什么时候

文·徐嘤

1

我妈今年55岁了,每次打开微信运动,如无意外都排在前十。

她是个工作了三十年的医生,每天穿梭在医院各个手术室和恢复室,地方不算大,但少说也得走一万多步。或许很多人会觉得一万多步不算多,随便走走都能达标。可她还得站在手术台前,救死扶伤。

她这个年纪理应退居二线了,但是加班到深夜也是常有的事情。有时我去接她下班,电话里她总说很快很快,结果等一两个小时,那是家常便饭。我听她说过最多的话就是:忙了一天,腰都直不起来了。

年底她就要退休,科室人员有限,主任希望她能返聘,再坚持一下。我说:你年纪都那么大了,也不差这点钱,回家吧。她总是说:再想想。言外之意就是还想接着干。

我以前就写过说我总劝她提前退休，在家好好休息，她不肯。除了对工作的兴趣使然，她还常反驳我说：年纪大了就不用奋斗了吗？

对于我这个微信步数极少超过七千的年轻人，看到她这个样子，略感羞愧。

奋斗是一种心态，和年纪无关。

2

我哥在高中的时候是个极其散漫的人，把学习不好归咎为周围的人都在玩，他不玩不合适，于是破罐子破摔。

大专毕业后开始混日子，一混就是好几年。直到25岁谈了女朋友，打算成家立业了，看见周围的发小、同学都比他过得好，才发现自己连养家糊口都困难，何谈结婚生子。

于是他跟当时的老板说不能再吊儿郎当下去，辞职找了一份累却让他感觉有追求的工作。

当他拿到自己的第一笔销售合同的提成时，他才找到奋斗的真正意义。即使不为了什么远大理想，为了好好生活你也得努力奋斗啊！不然别说什么风花雪月了，柴米油盐也能让你一筹莫展。

冰心说：修养的花儿在寂静中开过去了，成功的果子便要在光明里结实。

现在，他们夫妻双双下海，边带孩子边创业，虽然牵挂很多，成功也仿佛被调成了静音模式，等它铃响更是遥遥无期。但是所有的一切都是充满希望的，至少生活因为有了奋斗目标而更有盼头。

重要的不是你几岁才开始奋斗，而是你开始奋斗了吗？

3

我舅舅在事业上不算发达，但也勉强算得上是功成名就了。

家庭美满，生活充实。他却在快50岁时，义无反顾地做了一个"抛妻弃子"的决定，从南方到大东北为公司拓展新业务。

一年能见妻儿的次数不多，工作还很累，两年多时间里，他从一百六十多斤的壮汉，一下瘦得都快认不出来了，依然乐此不疲。

有人会觉得他的决定对家庭是一种伤害，不过他还是尽了全力把家庭、事业平衡好。我每次看见他带着女儿出去玩耍都无比快活，到了工作的时候也能更加投入。

说起为什么到了这个年纪，有了这样的成就还不愿懈怠，心里有牵挂，自然更加努力。养家糊口算是一种"官方"的说法，对于我舅舅来说更多的或许是因为成功不是终点而是另一个起点。

巴尔扎克也说：在人类事业的顶峰上神游过之后，我发现还有无数高山需要攀登，无数艰难险阻需要克服。

生活从来不是一种单纯的享受，更多的是一种因为向往美好所以努力追求的过程。

每一个成功者不会说他都这么成功了，所以就能随随便便当个甩手掌柜了。

奋斗不是一种结果，而是一种状态，跟成功与否无关。

4

曾经收到一个读者的留言，说他今年16岁，感觉读书太没劲，索性辍学，问我有什么好出路。

我说："你年纪那么轻，就算不愿意读书，学门手艺也好呀。"

他不乐意了，觉得学习这种事太累了，最好能有不费劲、不动脑、赚钱又快的生意,要我介绍给他。

我说:"你一点苦头都不愿意吃,总想着一步登天的事情。假如真有这种好事,那么多人累死累活地奋斗是为了自己给自己挖坑吗?如果有,请你告诉我。"

他听完把我拉黑了。

空有大志的懒惰是一种毒药,荒废的是时间和青春。

人生有两次青春,第一次是生养你的父母给的,第二次则是你靠奋斗得来的。现在的青春用来努力,以后的青春则用来回忆。

正如丘吉尔所说:我没有别的东西可以奉献,唯有辛劳和血汗。

我会一直奋斗,因为我不想记忆里一片空白。假如能够奋斗,至少,人生里还有一个振聋发聩的主旋律。

经常有人问我,你要在北京打拼多久才算完?我说至少把事业做出点样子吧。

实际上,假如我有朝一日离开了北京,我就不用打拼了吗?

答案是:当然不是。

人生的过程从来都不是享乐主义者的天堂,而是充满波折,甚至可能处处碰钉子的斗兽场。生活很少会温柔待你,大多数时候都会用一种粗暴的方式与你打交道。

或许学业烦心,或许工作不顺,或许生活苦闷,可假如你不狠下心来斗争,下一秒生活很可能就这样变成一场困兽之斗。

所以,当再有人问我:"你到底要奋斗多久才算完?"

我会说:"我的一生是抗争的一生。"

不过这样也好,最起码证明了我这辈子也会是生机勃勃的一辈子。

在喜欢的领域里打一场漂亮的持久战

文·沐沐

一个高中同学今年刚毕业工作，给我打电话有一点沮丧，说博士毕业了还是不能完全胜任工作上的事情，还有很多东西要学，跟入职的本科生一样。

工作两年的师弟跟我说，上学的时候，觉得自己就是大师的命，毕业之后一定很快崭露头角，成为新锐人物。但是工作之后，发现自己已然被淹没在一大堆年轻人当中，要成为建筑大师那肯定是下辈子的事情了。

朋友在矿业企业工作五年，做技术，说起来他的工作也是感慨万千。每天做的事情基本都一样，英雄没有用武之地，这一辈子就这样到头了。

亲戚家的小朋友特别喜欢画画，在我家看到一本画册，翻开看上面有大师题的字，小姑娘把嘴巴张成了"O"形，"大师教过你画画呀。"然后有点沮丧地说，"我从六岁开始画画儿，十年了，画得还是一般，都不想画了。"

可是，刚刚离开学校两个月的年轻工程师，没工作两年的助理建筑师，年轻的矿业技术人员，还没开始绘画职业生涯的绘画爱好者，你们着急什么，沮丧什么呢？要走的路才刚刚开始，以后还有很长的几十年，那才是生命的时间维度。

听他们一个一个抱怨，我仿佛看到了以前的自己。不管做什么事情，都希望在短期内达到一个很高的期待值。即使是做自己喜欢的事情，一碰到瓶颈期就分外迷茫，然后就开始陷入一种自卑当中，怀疑自己的能力，于是就不想"白白"努力了。

以前的我，想不到自己刚入职时做的项目在四年后的今天还在出变更图纸，想不到博士生写一篇三千字的论文要用三年甚至更久的时间，想不到一部《大圣归来》要八年的酝酿和三年的制作。

后来我发现自己要学习的越来越多，离成为真正的建筑师还有很长一段路要走，甚至终其一生，也不能成为我心目中的那种建筑大家。但是有什么关系呢，我的职业生涯才刚刚开始。我要做的，只是努力做好眼前的事情，一天一天成长。就像我跟朋友聊天时说的，自己现在还是一个 baby 建筑师，谁会要求还没有学会走路的 baby 跑起来呢？

现在社会发展得很快，一年的时间好像世界就发生了翻天覆

> 以"年"以上为单位的持续行动,才能叫作坚持;
> 十年以上的努力,才能叫作持续坚持。

地的变化,于是我们开始着急。两个月了研究还是没有头绪,两年了还是没有找到做方案的感觉,五年了还是在做普通职员的工作,十年了画画还是"一般"……于是就沮丧了,迷茫了,怀疑了,甚至退缩了。其实,在任何领域做任何事情都是一场持久战,不是一个月,一年就可以看到尽头。

屠呦呦获得了诺贝尔奖,在八十五岁高龄,她和青蒿素的故事从1967年已经开始书写,持续了半世纪;六小龄童跟真正的猴子朝夕相处十几年,模仿猴子的特点,才能呈现出大家认可的、传统意义上的美猴王形象;美国女作家米切尔一生只写下一部小说《飘》,这本书风靡全球,是最经典的爱情名著之一;秦腔四大名旦之一齐爱云在提到戏曲演员的幕后努力时说:优秀的戏曲演员从小练习,在一定的基础上坐科七年,再经过二十多年的舞台历练,到四十至六十岁才算进入黄金年代。

所有的努力和天赋都是需要时间的积淀才能结出果实。不管是我们看到的行业佼佼者,还是公认的成功人士,都是在一个领域潜心努力,然后等待一个风口。

经常听到有人说"我都努力一周了""我都坚持一个月了""我都钻研一年了"……以"年"以上为单位的持续行动,才能叫作坚持；十年以上的努力，才能叫作持续坚持。在静不下心的时候，在坐不住的时候，想一想你的偶像，在光环背后的艰辛和努力。他们在各自的领域里坚持了十几年、几十年，甚至一生。很多人之所以被人记住，不是他做了很多事，而是耐住寂寞把一件事做好了。

  我们的一生很短，但是把一件事情放在一生里，时间还有很长。如果可以，学会把一些事情放在更长的时间维度里去审视。在等待破茧而出的日子里，不要着急，不要沮丧，在自己喜欢的领域里打一场漂亮的持久战。在这场持久战里，所有的坚持和努力，都会在自己的成长中刻下印记。无论结果是什么，我们终将成为更优秀的自己。

当爱好遇见坚持，就是才华

文·沐沐

什么是有才华的人？一个闺密的男朋友是我们公认的有才华的人。他的才华不在别处，就在给自己的女朋友做发卡。已经做了两百多个，精致程度令人咂舌。

同学小M带女朋友跟我们一起聚餐，我们趁同学去卫生间时，问女孩喜欢他什么。女孩儿说，他是一个很有才华的人。同学这么多年，还真没有把小M和才华挂上钩。但是女孩很认真地说，他画漫画可好了，他跳街舞很帅，他的饶舌也不错，他是天才。

上大学的时候，校园里流传一个故事：一个学长去某公司面试，最后一轮是董事长亲自面试。学长自我介绍的时候说自己喜欢玩魔方，董事长从抽屉里拿出来一个魔方给他，他用了十几秒把魔方还原。董事长又把魔方打乱，学长观察了一分钟，然后闭着眼睛一分钟以内就还原了。董事长站起来接过他手里的魔方："你是个天才，随时欢迎你来。"

学长为面试准备的其他材料都没有用上,在那个董事长的眼里,把爱好玩到极致也是天才,玩魔方也是一种才华。不一定用在实用的地方,才能被称为"才华"。当爱好遇到坚持,就是才华。

知乎上有一个问题:有一个有才华的恋人是怎样一种体验?点赞数最高的是,男朋友喜欢画小漫画和写文章。赞数第二多的答案是,老婆喜欢做饭。大家眼中有才华的恋人,评判标准很简单:喜欢做饭,或者会写好玩的游记图文,或者是问为什么他从来不说不知道,或者是看一遍菜谱马上就能做出一模一样的。这些喜欢做的事情,若成为生活中的一部分,在别人眼中就会和才华关联起来。

在多元化发展的今天,一个人拥有让人欣赏和记住的才华,已经不是过去的标准,不一定是学富五车,也不是出口成章,或者琴棋书画样样精通。才华可以是某个领域独树一帜,也可以是疲惫生活中保留爱好,带着热情,把自己喜欢做的事情坚持下去。一直把爱好坚持下去的人都特别有魅力。

还记得那个火遍全球的、爱收拾房间的女孩吗?她就因为特别会做家务,成就了自己的事业。一个有着非传统才华的人,往往会有一种向上的力量,这种力量本身就是一种吸引力。如果一个人把自己喜欢的事情，持续用心地做下去，数年之后，那些没有被现实的琐碎打败的爱好，沉淀之后，就是才华。也许你不需要用才华去谋生，但这却是不可替代的财富，足以支撑你度过最虚无的时光。

爱因斯坦说，只要你有一件合理的事去做，你的生活就会显得特别美好。生活中一点点的热情与积极，都会成为战胜茫然的最有力武器，它可以让我们保持向上的心态去迎接生命的每一次挑战，在我们快乐和失望的时候提供一个宣泄口。如果你还没有发现自己的天赋，那你肯定有爱好。保持对爱好的热情，一直坚持下去，你会发现，这同样会成为你的骄傲。

这样想来，身边的小伙伴们都有各自的过人之处，也配得上"才华"二字。我想，你也是。

耐住寂寞才会赢

文·王慧敏

多年前,看过一篇小说,题目和作者已记不清了,故事情节却难以忘怀。

有这么一个年轻人,上世纪70年代时,在京郊一个村里插队。在那个年月,下乡知青干活很累,收了工大家都倒头大睡。他却在土炕上铺上马粪纸,画些花鸟鱼虫。这与那个时代的要求不符,有人就给反映到了县里。谁知因祸得福,县文化馆美术组正缺人,便把他调来"接受再教育"。

他依然不知疲倦地画他的花鸟鱼虫。画室的玻璃被大风刮碎,他用破报纸一糊就糊了八年,从没向别人说起过此事。涨工资时,全馆人都互相背后告状搞小动作。他那里却没有半点动静,果然没有涨上工资。但他依然神态自若,跟没事一样。

当别人都热衷于铺天盖地的"闹腾"时,他总是选择"看家"。看家时,也总是画那两尾小鱼,几根水草,一串小气泡。他在文化馆,就这样无声无息度过多少年月,春夏秋冬,无穷往复,是痛是痒，没人理会。

若干年后，真正的艺术再次被社会重视，市里搞起了美展，不料人们在首次美展上，竟看到有三幅他的画，都是小金鱼吐泡泡。后来，他名冠全城……

人的一生非常短暂，能做的事非常有限。不少人，往往耐不住寂寞，时常被潮流所裹挟，看别人怎么着，也马上跟着模仿。一辈子几乎所有热闹都要参加，任何时髦的事都不放过，可是到了暮年你会发现：这辈子其实一事无成！

每个人出身的环境、天生资质都不一样，不可能在每个领域都擅长。所以，一个门里挤，其实是作践自己。可以想象一下：一个看了杀鸡都头晕的文弱书生，看了几本武侠书却要统领千军万马去攻城拔寨，能成功吗？从政也是如此，连周围几个同事的关系都搞得一塌糊涂，听到一点儿飞短流长都坐卧不宁，却想当市长、省长，能行吗？同样，连"贵上极则反贱，贱下极则反贵；贵出如粪土，贱取如珠玉；水则资车，旱则资舟"这样的基本经济学原理都不懂，却幻想着纵横商海，不赔得精光才怪！

新闻界的一位前辈，学养深厚，领悟力惊人，文章更写得别具一格。如果精研学术，一定会有所成。可到中年，却选择了仕途。

记得他去世前我去探视他,老人一脸懊丧:"后面这二十年走错了路!我是个书生,性子又腼,其实很不适合搞行政,做得很累,还有很多同志不满意。如果我一直做学问,兴许会给后人多留点东西……"

人的一生,个人定位很重要。选准了方向,就需要耐得住寂寞,百折不回。其实,人贡献社会的方式多种多样,只要你在自己擅长的领域做出了成就,就是对社会做出了贡献。最遗憾的是,很多人都明白这个道理却依然跟着凑热闹,到头来又都发出同样的感慨。

这个世界，并不会辜负你的努力

文·谢可慧

1

我人生的第一个低谷是在十五岁，也是那个时候，我第一次懂得你所希望的相安无事，最后不过是演变成了形单影只。

我刚进中学的时候，特别受到老师的关注。因为高，因为瘦，因为成绩好，也因为还有点才艺。你知道对于青春期女生最好的鼓励，根本不是奖状，而是广播台里老师念出的名字，以及文艺汇演时你永远站在第一排，那时已经懂得别人的羡慕和注目比什么都重要。

我的急转直下来自两件事。

一件事是莫名其妙地被"早恋"。关于这件事，我到现在都没有机会澄清，当然，那个时候更没有机会。几乎所有同学都认定了我"早恋"，并且值得讽刺的是，她们幸灾乐祸那个男生并不喜欢我。当时的班主任和语文老师对我父母说：她就是太自作多情，人家男孩子根本不喜欢她。母亲很生气，她气老师对自己女儿的贬低，也气自己女儿的不争气。那个学期，我从全班第五名下滑到了第二十名。

另一件事是来源于我身体的变化。那一年，我从一百斤胖到了一百三十斤，不明缘由。现在，我每每看到那些戴着眼镜，穿着校服，拖着肥嘟嘟脸的女生，一甩一甩自己身上的肥肉，我都可以清晰地脑补出当时自己的样子。青春期简直对我太残忍，学生时代，对一个女生自信心的摧毁，从来不是成绩，而是形象。那个曾经被传绯闻的男生对我唯恐避之不及，而我也从来不敢抬头看他，仿佛一对视，就是一种无形的嘲笑。

我不知道自己是怎么度过那段时光的，觉得自己特别像一个从主角变为没有资格上场的替补，我坐在冷板凳上，焐热了一遍又一遍，看到的不过是侧目而已。但我还是特别感谢那个时候的自己，从来没有自暴自弃，冷板凳虽冷，但始终用心温暖自己。

在没有朋友的时候，一个人去食堂吃饭，一个人去做课间操，一个人跳绳，一个人投篮。我不介意自己高高的肥胖的身材永远没有搭档,也没有人愿意搭档。我上课还算认真,因为我知道,如果我不会做题目,根本没有机会去问同学。包括老师,她后来从来没有关注过我,除了我还算不错的成绩,可以为班级在全年级段前一百名争得一席之地,但始终没有任何评奖评优的资格。

可我总是笑嘻嘻的,我不想用我一脸的悲伤让那些不喜欢的人得意忘形,我想用笑容感化我自己,哪怕常常一个人。

有一个任课老师很喜欢我,若干年后她碰到我时问为什么那时看我上课总是特别忙碌,我说如果你独自在家开火没有帮手,是不是手忙脚乱。她说,你可以找我帮忙。我说你有那么多学生,我不想为难你,所以依靠自己。

多年之后,有人说我看上去总是一脸咬牙切齿也要扛下所有事的样子,我说,因为只有自己是永远不会离开自己的。

2

我大学读的是本地一个二本院校,非常不知名。我小时候,一旦考试成绩考坏了,奶奶总是会吓唬我:读书那么差,以后就只能读某某大学。小地方的人总是很奇怪，对外面的世界更加憧憬，所以变得神圣，而对于自己城市所拥有的一切，仿佛是没有本事跳出这个地方的人才苟且偷生的地方。

真是不巧，我就是这样在考了一个二本分数之后，义无反顾地填了本地的学校，并且至今引以为傲。

但一个远亲并不这样认为。她之前并不知道我在本地的大学读书，然后我们在一个很偶然的饭局上碰面。她也猜出我快毕业了，于是问我在哪里读大学，说是有好工作可以介绍给我。可当我报出学校名字的时候，她沉默了。当时，整个饭局的气氛一下子陷入了尴尬，身边的亲戚包括我的父母都不知道如何收拾场面。她说了一句："现在这种地方院校，毕业的话，工作很难找，一个月1000元都没人要。"后来，父亲说容不得别人这样说自己的女儿，女儿再丑，也容不得别人的奚落。

毕业那年，我研究生的成绩也不差，同时还获得了一份固定工作。当然，我选的是后者。我不想说我大四是怎样的在所有人离开校园之后，一个人睡在冰冷的寝室里，周围的人都出去实习了，而我读书、背英语，然后有空还要写各种稿子，在不确定的未来里孤注一掷。我一直记得那位远亲的话，但我努力不是为了反驳她，而是为了让自己活得更好。

后来，我碰到这位远亲，她假装若无其事的样子，照样与我推杯换盏，我也从未提起这件事。但我始终记得她再次遇见我时一脸无措的样子，一直到我和她拍了拍肩膀才化解。有些时候，你所有的底气来自自己，与别人能够一起坐下来谈笑风生的底气也来自自己，你抵御所有不屑最好的武器从来不是拿起盾，而是拿起武器，与她不动干戈，也能交流自如。

3

我最初写稿的一段时间，也经历过一段海投。海投实际上是一件非常痛苦的事情，就像是你突然掉进了河里，等着有人支来一根篙拉你上岸，可是他只有一根，所以不一定属于你。

其实我投稿还算顺利，最开始差不多投出去五篇，能录用一篇。有一些很负责任的编辑会主动给我写信，告诉我退稿，叫我另投，当然，大多数报刊都是石沉大海。很长一段时间，我几乎快坚持不下去了，人再大的决心也是会被击倒的，更何况是一个试水的。

那一年,我碰到了一个编辑,几乎成为我人生的转折点。那个时候的我还没有写专栏,也没有大量的约稿,通过海投能够发表,就可以激动许多天。编辑是一个很高冷的编辑,一直到现在,除了有稿件发给她之外,我们很少聊天。

但她非常尊重作者的稿件。我发给她文章之后一小时,她就回复我用稿信息,并且给我打来电话,她的原话是:"我觉得你的文章非常好,如果可以的话,欢迎多给我们投稿,你可以开一个专栏,非常欢迎。"

作为一个小作者,我几乎一整夜没有睡好。倒不是自己上岸的喜悦,而是觉得这个世界,并不会辜负你的努力,也不会因为你的默默无闻而不给予你希望。以及,你开始确定在这个世界,你有遇到好人的希望,并开始努力成为一个好人。不久之后,我开始写专栏,渐渐地许多专栏也开始与我合作。

现在,我还与这个编辑保持合作。她时常问我,为什么一旦版面没有稿件,与我联系,我总第一时间愿意写,哪怕稿费并不高。我总矫情地说:"因为想和你一样成为一个好人啊。"

张爱玲的《倾城之恋》里说:"如果你认识从前的我,一定会原谅现在的我。"每一个现在的自己,其实都是过去自己的拼凑，你曾经的好，你曾经的坏，你曾经哭过，你曾经笑过，其实一直都在，并生生不息。我想说，多年之后，当你尝尽人生冷暖，你的心灵便是一个巨大的感应器，你无须控制也无须刻意体会，它应对自如，便也保你无虞。

那些不声不响就把事情做了的人

文 · 海欧

作为一个自控能力不强、无缘无故喜形于色的人,我非常敬佩那些不声不响就把事情做了的人。

我表哥,论辈分其实应该叫叔,但年龄只大我一岁,我叫不出口,就自作主张降了他一个辈分。他打小读书成绩就好,高考时发挥失误了,不小心考了个普通大学。他读大三的时候我读大一,过年回来亲戚聚会时不见他,忙询问,他妈妈小声告诉我,说他在学校里看书呢。

过了几个月,我因为旅游去了他所在的城市,约他出来见个面吃个饭。他从学校匆匆赶来火车站接我,下巴长了一圈胡楂,头发乱成一堆,身上穿的衬衣还掉了两个扣子。

我们去附近随便吃了个饭,看着瘦了两圈的他,问他怎么了。他说:"考研,不是人过的日子,没日没夜地学习。"我问他一天睡多久,他说,四个小时。

不忍心再浪费他的时间了,于是吃完饭就和他告别,见他匆匆匆赶去坐车，争分夺秒的样子真令人心酸。这一次见面花了两小时，不知道他又要用多少个没日没夜的日子补回来。

一年以后，他已经是在读研究生了，还是全额奖学金。又过了两年，他获得了硕博连读机会，博士在读期间协助导师做实验，每个月还有两千元的收入。

上周，我得知他要出国了，去美国俄亥俄州立大学读博士后，每个月有收入，够维持他和爱人的生活。

我和他简单聊了微信，得知他即将动身，再见不知是何时了。我问他："念书很辛苦吧。"他还是笑称："不是人过的日子。"我问他这一路除了努力，还有着怎样的坚韧和决心。他说，心够绝，不留退路，一路走到黑。

这期间，他没有在朋友圈、微博上晒过自己熬夜复习，也没有炫耀过自己又考上了什么学位、获了哪些奖以及又拿了多少奖学金。从大学到现在，八年时间，他不声不响，就到了博士后的位置。更可贵的是，他 1988 年生。

我们常说世界那么大，不去看看怎么对得住青春年少，但总是困于世俗，陷于俗事。好不容易出去旅了个小游，忙着自拍，风景没看多少，自拍照倒晒了不少。

一个女生朋友生得娇小柔弱，找了个高高大大的男朋友，颇有长腿欧巴的气质，但却很少见她秀恩爱。没想到几年后她居然出书了，书的内容居然还是环游世界的，记载着她和男友去往二十八个国家的点点滴滴。

朋友们知道了惊呼："天哪，她居然文笔这么好！平时都没见她晒呀！"书里的照片很美，署名竟然都是他男友，翻了翻，发现照片拍得特好，不仅景色拍得美，人犹是。"天哪，有这么个会拍照的男朋友，居然不在朋友圈里晒照片，简直是浪费啊！"有朋友抱怨道。

人家浪费吗？一点儿也不浪费。你的朋友圈自拍照，首先得开美颜相机，连拍十几张甚至几十张后，挑几张出来，打开美图秀秀修图，还要编一段煞费心机的话，才发出来，几十分钟时间就这么没了。

人家呢，用这时间去看世界，用最真实的镜头记录所行之处的每一处风景，再静下来把它们变成文字变成册，变成人生最珍贵的记忆，然后不声不响地就出书了。

我们的朋友圈中，的确会有这样一群人：

晒书，一晒还好几本，结果可能一本都没看完。

晒加班，睡到半夜醒了起来上厕所也不忘补一句：还在加班。

晒出游，去哪儿都晒，哪儿没去也晒，成天嚷嚷着要出去看世界，却也不过是让世界都看自己的自拍照。

晒恩爱，作死晒，最后没有缘分了走到尽头了又回过头来猛删微博和朋友圈。

"你要做一个不动声色的大人了。"这句话是村上春树说的，许多人用它发微博发朋友圈，甚至当作个性签名。然而，真正学会不动声色的又有几个？

要知道，牛的人，根本不炫。

你何时才能做一个不动声色的大人，取决于你拥有一颗怎样的心。树欲静则风止，这才是不动声色的境界。

继续修炼吧！少年。

你必须十分努力，才能看起来毫不费力

文 · 钱饭饭

当年，我妹妹从镇上转学到城里最好的初中时，在班里成绩中等。我妈去开家长会，向老师表示妹妹想考全市最好的高中。老师笑了，说这个事儿还是以后再说吧。

再一次家长会，妈妈作为全班进步最快的学生家长发言了。是的，妹妹考了全班第一名。回家后，妈妈同正在读高中的我说了句，你妹妹是个奇迹啊。可是，和妹妹住一个房间的我知道，哪有什么奇迹，这个成绩分明是妹妹放弃了无数个午休、熬了无数个深夜才追来的。

有时候我早上一觉醒来，发现妹妹穿着衣服歪在还没有拉开的被子上睡着了。她后来告诉我说："姐，我没想到能考第一的，我只是不甘心连考个一中的希望都没有，想试试自己到底能追到哪里。嘿嘿。"

妹妹成了那次考试的黑马，校园里人人都在传，就是那个新

转来的女孩，摇身一变成了第一名。后来，妹妹的成绩一直都遥遥领先，顺利考入一中，考入重点大学。但是再也没有哪一次考试像刚转学去的那次那样，让人津津乐道。

人们总是惊讶于不起眼的人突然捧出了耀眼的成绩。他们觉得怎么运气这么好啊，突然就暴富了，突然就成功了，突然就成为人生赢家了。

我一个同学，特别腼腆内向，毕业四五年都不见他在活跃的同学群里说过什么话，也没有别人议论过他。直到前不久，突然有人爆料说，他居然在北京早就买了车买了房，早就成了CEO，早就娶了白富美，早就……同学群像炸开了锅，成天谈论的除了他还是他，仿佛错过了他进步的每一个环节，只是突然被通知了结局，除了惊讶，更多的应该还有不解和嫉妒吧。

我也暗暗吃惊，但突然想起了发生在我和他之间的一件小事，就觉得不那么奇怪了。

那时候，我们俩去火车站送一个共同的好友去实习，回来的路上聊了一路。他话比较少，基本上都是我在发问，他回答。

他研究的是动画方向。他说因为喜欢动画，在读研之前已经自学了大部分的软件和动画原理，读研期间已经得过不少设计大奖,只不过没有拿出来炫耀的习惯。那次回到学校后,他依然不怎么爱玩,闷头做动画,我们也不再有什么交集。

听说他成了CEO,身家上千万后,在羡慕之余,我不得不承认这是他应得的。从学校里他的表现就可以想象,他一定是付出了异于常人的努力才有现在的成绩。好多人都说:哎呀,你小子,看不出来嘛,藏得够隐蔽啊。其实,我理解他,他没有刻意隐藏自己的努力,只是不喜欢在东西没有到手之前就拿出来给别人看。

我曾在暴雨中奔回宿舍寻找庇护的时候,偶遇他兴奋地打着伞挽着裤腿奔赴实习公司。那是夜晚七点,他匆匆扔下一句:有了灵感得快去谈啊。别人的一夜沉睡,却是他的一夜无眠。

这样的路,人人都懂,但是让你去走,不见得你能走得出什么。

这世上之前默默无闻却突然让你眼前一亮的人和事有很多。同班那个姑娘毕业找工作的时候,签了五百强企业的总部,你惊讶她的爆发力、她的好运气。你真的忽略了,在找工作那半年里,她把各种笔面经验收集了一箩筐,在没找工作之前的大学四年里,自学的二外成为加分项。

成功有大有小,但每一次的收获背后都跟随着千万努力的汗滴。

有的人喜欢把"努力"二字写在脸上、朋友圈里、个性签名里；而有的人却喜欢低调努力，默默收获，他们不说，不代表他们没有在努力。

这世上，真的没有什么摇身一变，没有什么突然，有的只是我们看不到的浸润着心血和汗水的低调努力。

而你的差距或许就在于，只有低调，没有努力。

你努力生活，
不是为了给谁看

文·谢可慧

村上春树有句话是：世上有可以挽回的和不可挽回的事，而时间经过就是一种不可挽回的事。也许，不负光阴就是最好的努力，而努力的你就是最好的自己。

1

前些日子，农村的表哥在县城买了一套房子，所有人都在庆贺他：在不到四十岁的时候，成了当地最好酒店的总经理；买下一套价值两百万的房子；出入有生活秘书，无须再为生活琐事操心。顺带着父母也跟他一起，过起了"五天城市，两天农村"的日子。一个人的红红火火，仿佛让一家人都扬眉吐气了。

有人对我舅妈说：你们家这孩子，真是争气。舅妈高兴得合不拢嘴。作为最普通的农民，除了田地，唯一的希望就寄托在了孩子身上。其实,像我们的上一辈,谁不是全身心地把爱砸在孩子身上?

表哥家曾经过得非常辛苦。我记得小时候,表哥来我家,常常是带一只塑料袋,拎着一些他们家的蔬菜,裤腿上还沾着泥巴。脚上的白球鞋总是带着补丁,而这块补丁又脏得格外快。我妈每次看到他都很心疼,而他的那一句"没事没事",腼腆又坚毅。

表哥家里住的是农村最普通的平房,一张床、一口灶、一张桌子、一台收音机、一口柜子,就是全部。我去他家的时候,常看到他坐在门口写作业,写到天黑再进屋。他舍不得开灯,在屋里就点着蜡烛做作业。庆幸的是,他的眼睛一直没有近视。

有一年的冬天下雨,因为出门忘了带钥匙,我和表哥站在一户邻居的廊檐下,邻居嫌我们挡了他们家的光线,吼着我们走开。结果是,我和表哥靠着家里的门,半个身体裸露在外面淋了两个小时。那时,表哥常说这样一句话:日子总是会好起来的。

表哥的成绩一直很不错,可是,中考结束后他选择了中专。舅舅第一个不同意,觉得再苦也不能苦孩子,拖着他去学校改志愿。他说：没事，上了中专，只要努力，也不会太差。对一个清苦的家庭来说，能够早点分担家里的负担比所谓的高学历重要许多。中专毕业后，表哥成了酒店的一名普通服务生。

不得不说，那句"穷人的孩子早当家"真的有道理。在酒店的最初几年，表哥从包厢服务生到厨房后台，再到大厅前台，几乎把所有的岗位都走了一遍。你一定很惊讶，为什么老板愿意让他去经历那么多岗位？原因其实很简单，每天下班后，表哥都主动要求去帮忙，甚至参与配菜打杂、卸货这些别人最不愿意干的事。假期他都没有休息，而是在酒店忙里忙外。他当然也有私心：想尽快升职，改善家里的条件。

他在六年内完成了两连跳，又在第十年出任了总经理，买车、买房。一切如他所愿，似乎比他预想来得更快些。随之而来的是，那些邻居都成了熟人，主动要求为他们晾晒衣服，也会热情地招呼他们家的任何一个客人。

某一天，我们一起聊到这些年走过的路。我说：你也真的是争气，特别为父母长脸。他说：我现在的成绩，并不是为了给谁看，也不是为了证明什么，只是希望测试一个真理——"生活，只要你努力了，就会有好的结果"。

一个人一旦有了底气，一切干戈化玉帛的能力仿佛都在自己的掌握之中。

那一晚，我依稀看到了二十多年前他的样子：细小的眼睛，总是笑眯眯的，满身的泥巴，手里的蔬菜袋子，小小的身子会说话，"我可以，真的，我可以。"

2

卫小姐是我中学时代的朋友，大概也是我学生时代最亲密的朋友了。大学毕业后她去了一家外企，这些年，除了偶尔发下微博，她几乎很少在社交平台让我们了解她的生活。而我和她的招呼，也仅仅限于每一个节日的问好。

上个月我们同学聚会，我与卫小姐约，希望她回绍兴参加，她竟立刻答应了。于是，这成了我与她多年之后的约会。

多年不见后，她惊艳亮相。原本肥胖界的她全然去了一身的赘肉，精干动人。她原来就长得美，只是因为一身肉让人忽略了，成为瓜子脸的她，一双深邃的双眼嵌在脸部，闪闪发光。一个人的外表足以证明她这些年过得好不好，递过来的名片上是一堆英文，下面几行中文，同行的人说"看不出啊，都注册会计师了"，卫小姐笑了笑，充满着职业的美和真诚。

一个人的美好，从来不需要刻意表达，而是她坐在你身边，你就可以感受到她散发出来的气质，是好还是不好。卫小姐坐在我的身边，我们高兴地举杯，又有节制地喝酒。她在一个外企工作，已经在H城这个寸土寸金的地方付了一套房子的首付。她说："每个月付完房贷，也还能过得马马虎虎。"她的马马虎虎真是能听出许多谦虚。

她似乎早已训练有素，在酒桌应对自如。忽然间，老黄举起了杯子，冲向卫小姐："卫，你说，你现在变得那么好，当年的老乔会不会后悔啊！"老黄这个危险分子一喝多就开始说胡话。他口中的老乔，是当年卫小姐倒追的对象，可惜老乔是个"外貌党"，当着全班同学的面大吼："长得跟肥猪一样，还是好好读书吧。"卫小姐的情绪一下失控，整整哭了两节自修课，而后好几天都没有吃饭。

场面一时有点尴尬。

卫小姐说："我奋斗了那么多年，真的不是为了和他一起坐着喝咖啡哦！"说完，和老黄碰了下杯子。一个人一旦有了底气，一切干戈化玉帛的能力仿佛都在自己的掌握之中。

3

这件事，似乎很小，也不值得一提。但我总是想说，那么多年来，自己一直不断努力的事，虽然没有成功，却让我每天充满希望。

年少的时候，我很喜欢写作。我最高兴的事，从来不是获得了多少成绩、考了第几名，抑或是拿了什么"三好生"，而是老师能够说"你的写作真不错"。

初一的时候，每天晚上做完作业，我都会写作。父母很不高兴，他们觉得这样耗费精力太大，而那时我的成绩确实从前五掉到了十名。但我发誓，这绝对是因为我的失误，而不是因为写作。

让我最讶异的是我当时的班主任。他得知我每天晚上在写作很惊讶，对我母亲说：一定不能让她花那么多时间写作，毕竟学习才是最重要的。一次自修课，他和我整整谈了一节课，一一分析写作的无用，以及中考的有用。最后他告诉我，一定不能再写了，一定不能。我点了点头，把所有的稿纸放进了抽屉。

我再次拾起写作是在二十一岁，我忽然觉得自己该干些什么了，而我终于在那一刻想起了曾经热爱的写作。那时，我几乎把所有的课余时间都泡在了图书馆,读书、写作、寄稿件,我的一半生活费永远用来买书、打印……

有人经常问我,屡屡投稿,有没有觉得很困难。我只能如实地回答:"很困难,几乎不抱希望。"

大概是在两年后,开始有了起色,开始有报纸跟我约稿,也开始发表我的稿件。我那时常常因为一篇文章熬夜到两三点,只是为了一遍遍检查错别字,也常常为了考究一句话的出处翻很多书。我曾经的室友常常说:处女座果然太认真。而我只想说,我只是想努力珍惜每一次机会而已。

现在工作之余,我也常常写字,聊以慰藉我的梦想,也很幸运能常有意外的惊喜,比如读者的鼓励。偶尔朋友圈里出现我的文章,也有朋友会欣喜地截图。记得一个初中时代的朋友说:"老师都该为当时的话后悔了吧。"我说:"无所谓吧,真的。"

时隔那么多年,早已没有那么介意,何况如今的我也不足以让他们介意。老实说,无论我能在写作的路上走出怎样的成绩,别人是怎样的看法,于我都不重要,我永远记得十四五岁的自己不得不偷偷地写作,而如今可以正大光明地写,是多么幸福。

我们从来不知道人生的路有多长,也不知道自己的内心究竟想奔跑多久，但我们却也清楚地意识到，努力地向前走，就是对人生最好的馈赠。我们那么努力，不是为了感动谁，也不是为了证明给谁看，或许只是因为不甘心内心最好的自己被无辜遗弃，而日日夜夜告诉自己永不放弃。

根本没有"正确"的选择,我们只不过是要努力奋斗,使当初的选择变得正确。

你不应担心你的梦想还未实现,
而应担心你的梦想还未开始。

你要尽全力保护你的梦想。
那些嘲笑你梦想的人，
他们必定会失败，
他们想把你变成和他们一样的人。
我坚信，
只要我心中有梦想，
我就会与众不同。
你也是。
如果你有梦想的话，
就要去捍卫它。

《当幸福来敲门》

幸运，从来都是强者的谦辞。每个幸运者的背后，都有着与幸运无关的故事。

你有一个梦想，
然后呢

文 · 芝麻

凌晨两点多依然睡不着，刷手机看到微信上的一篇推文：

我有一个梦想

让所有的蚊子都能吸脂肪

我有一个梦想

岁月啊请熨平我的肚腩

摸摸自己的小肚腩，看看时间，想起我有个一直没有实现的梦想：晚上九点睡觉，早上五点起床。

最开始做不到，是不想。十多岁，高中开始寄宿，学校虽然规定了晚上熄灯早上升旗，但我求知若渴又身处激烈竞争环境，看了几本名人传记，热血动不动就沸腾，加上喜欢看书爱瞎想还写日记，免不了晚上点蜡烛挑灯夜战，以时间换空间。那期间，

> 总有一些行动力特别强的人,他们既不做梦,
> 也不瞎想,只是做而已。

除了啃完几大名著,还看了几本不知道出处的手抄本,顺便完成了青春期的启蒙。小孩子有了心事,也有了黑眼圈。

后来是没条件,不行。三十岁上下的时候,恰逢生活里最忙的阶段,也许是自己想要的太多,职场得拼,娃儿得哄,还得使劲学习考证,写作应酬,家人朋友,总希望自己能八面玲珑,把每一件事情都做好,就更免不了用尽十二分力气,晚睡早起。这个阶段,两三点睡是常事,四五点也偶尔为之,自己也误以为女汉子是铁打的金刚,熬不坏,打不垮。

然后就是身体的睡眠障碍,不能了。突然有一天,我发现无论如何都不能让自己入睡,深呼吸、泡脚、荞麦枕头、桂圆肉、中药,各种官方民间的配方都不能让自己睡着;健身、瑜伽、快走,拼搏到感动自己,也无法召唤睡神。睡神如爱人,一开始没有照顾好,后来就没有机会去照顾了。一直不去睡,后来就睡不了了。

我还有一个梦想,想从明天开始,打扫房间,清掉所有经年不用的东西,像法国人一样只留下十套衣服;删除所有用不上的邮件,拉黑朋友圈不知来历的人,把待办清单上所有的事项一次性完成;放下手机,不刷微信和朋友圈。清清爽爽,从从容容,给自己留有足够的空间,没有负重感。

这样,从明天开始,我的生活就会焕然一新,从头开始,180度大转身。至于今天,嗯,先刷下手机吧。刚看完的这些书和杂志,脱下来的衣服,随便扔在哪儿就好了。

而 N 个明天已经到来、过去,床头柜上依然堆满了买来没看完的新书,柜子里的衣服依然又多又乱,好几个包包里有散乱的零钱和发票,桌子上有扔了可惜留着没用的杂物,待办清单上面永远有几条,好像怎么也做不完。

下多大的决心,有多好的规划,根本不重要。实现梦想的路子不是突破,而是积累。如果有特别好的习惯,每一天都整齐有条理,时间规划有序,根本用不着一腔热血去断舍离。

家里有个戒烟专业户,他已经连续多次戒烟成功,每一次都打破上次的最长戒烟纪录。他的名言是,"抽完这根就不抽了"。戒烟这种事,自愿不易,强制更难。但戒不掉"这一根",就别指望说下一根了。

生活是不间断的连续剧,流水一样,无法抽刀断水。拖延给明天去完成的梦想,已经被证明多次不靠谱。实现梦想不靠未来,靠现在。

总有一些行动力特别强的人,他们既不做梦,也不瞎想,只是做而已。

二十年前来深圳，我认识了在大梅沙摆水果摊的阿强。他是潮汕人，初中文化，皮肤黑、鼻孔大，一说话就"嘿嘿嘿"，还搓着手，既无颜值也缺才华，在深圳这个地方，明显核心竞争力不足。

他四五点去批发市场进货，六七点支起摊子搭防晒棚，晚上十一二点收摊，一天天重复。他在小摊上备了免费凉茶，买不买水果的人都来蹭一碗。给附近上班的白领们苹果削皮、榴莲去核、圣女果洗干净，定时定点送去下午茶。他给买猕猴桃的抓上一把龙眼，又给要鲜核桃的配一把核桃夹。

我当时有份收入不高但自觉体面的白领工作，觉得摆摊这种事情，自己无论如何做不出手。阿强当然一点都不介意。

二十年过去，我的职位升了一点点，工资涨了一些，折算完毕，也就是多了几斤水果钱。阿强的连锁店已经开遍深圳的各个社区，准备向周边城市发展。

他老家的初中请他回去做演讲，想了解他这个起点低的人，如何发家奋斗，成为励志偶像。阿强一上讲台，还是"嘿嘿嘿"、搓手，不知所措。他说自己有个客户，最开始给她送小盒的水果，后来她负责员工福利，就包了她全公司的水果供应，后来她又帮他介绍了其他互联网公司，现在科技园那一带基本是他在做……

阿强没有卓越的演讲能力，也没有提过一个字的梦想。最开始为着讨一份生活，不过是能踏实、肯付出，不玩花花架子，终成旁人眼中的人生赢家。

而我，有过各式各样的梦想，想过开咖啡馆、开花店、做图书管理员、游遍全球。但现在，我还是个小职员，连早睡早起、断舍离、不刷手机这样的小事情，依然没有做好。

为什么你听过这么多道理，依然过不好这一生？杨绛说，你的问题主要在于读书不多而想得太多。摩西奶奶说，许多人不是不知道自己要做什么，而是知道了，却什么都没能去做。

归根到底，什么时机、运气、理想、规划，想明白了一万遍，也不如动手做一点点。

我们只不过是要努力奋斗，使当初的选择变得正确

文·赵星

前几天收拾东西，从柜子里掉出来一摞汇款单，用曲别针别着一百多张，最上面的一张用钢笔写着"这就是成长啊！"我坐在地上，翻着每一张汇款单，一页页地看。那是我大三第一次正式实习，和一个叫Lily的实习生一组。我们从来没有填写过汇款单，很多要求我们不知道，比如数字要写成汉字，每个字之间不能有空隙，等等。越是严格，就越是紧张，我们写一个错一个。记得当时老板拿着一摞废掉的汇款单跟我们说："保存起来，五年之后再翻出来看看，这就是你们的成长。"

我真的很乖地保存下来了。那份实习我做了六个月，和Lily一起吃便宜的午餐，一起互帮互助写每一份文案和策划，一起战战兢兢去财务部领一千二百元钱的工资还要看财务的脸色。那时候的我，每天要坐两小时公交车上班，再坐两小时公交车下班。那时候，一天的公交费两元钱，地铁要十元钱，不舍得地铁，只

能坐公交车神游三环一大圈。那时候的我们对未来都没什么明确的规划，她在学 GRE 考托福，想去美国读研究生；我在想是留在这家公司转正，还是申请一家更好的公司去实习。我们都不知道未来，但谁都不迷茫。我们每天都特别开心，尽管我们穷，也土土的，我们干活多、时间长，还经常被当作劳力去跑腿做杂事，但真的没抱怨什么。

我们在一起度过了实习时间，然后彼此离开。我去了下一家厉害的公司继续实习，她真的考上了美国的研究生。再后来，我毕业找到了梦想中的工作，Lily 在美国读完研究生，留在纽约工作。某次，她跟我谈起她梦想中公司的要求要有"不带薪实习九个月"，我大呼"这哪里是实习，这分明是生存大考验啊，你这是纽约啊"。

五年后的前几天，当我翻出那一摞汇款单的时候，我拍照发给 Lily，她正在银行签贷款合同，在纽约买下自己人生的第一套公寓。她问我要不要代购奶粉什么的，我大笑地问她，你能给我买十年吗？是的，五年后的我们，都各自长大，过着让自己感到合适和舒服的生活。我们都是普通的女孩，我们的每一步不是都很成功、很完美，我们彼此也没有谁强谁弱。我们都在宇宙中像一

> 这世界从来不会跟你过不去,
> 你得到的任何好与坏,都是自己做的。

颗粒子一样慢慢前行,即使失败,也是一种成长;即使迷茫,也都是青春的代价。只是,我们都觉得,每走一步,都要对得起自己。

有人问我,"我找了个工作,老板给我××待遇,我觉得不公平";"我刚毕业,月薪就两千元,你说这公司是不是骗子"。亲爱的,我不知道这份工作值不值得你去做,我只能说说我自己。第一份社会实践卖饮料一天三十元,拖半年才付工资,其实也就几百块钱;第一份实习,两个月一共七百元,还是五百强公司,连纳税的起征点都不够;第一份工作,人人羡慕的豪华公司,起薪三千元。我不是什么名校,我英语不如母语好,我没有别人那么见多识广,没读过很多很多书,常年在学校里,第一次在公司门口吃过桥米线,都觉得好吃得好几年忘不了。我周围也有很多牛人,有的男生毕业就进了高大上的咨询公司和投行,连父母来北京旅游都可以用公司专车接送;有的女孩还没毕业就创业,一天能赚十几万;有的随便学学就能 GRE 考高分拿着奖学金去美国……但这些都不是我,他们都只是我身边最亮眼的那些光芒。

我抬头看看他们,再看看自己,除了低头努力,真的说不出什么,也抱怨不出什么。抱怨社会不公?还是老板不人道?还是公司欺负我?还是投胎到了没什么钱的家庭?我不知道怎么去考虑自己做某个事情值不值得，我只知道以自己的背景和底子，在北京这种名校成堆、牛人成群的地方，想要得到自己梦想中的东西，就要一步步垒宝塔一样去做，一步踩着一步爬上去，才会有人愿意看见我，无论是工作与生活，还是爱情与婚姻。

前几天看完一本美国名校学生奋斗的书，主人公混在美国名校里，终有一天被勒令退学。他的导师给了他一个试读的机会，他在此期间奋发图强，做出了令全美国惊艳的成绩。一瞬间，他从一个人人讥笑的失败者变成了一个在大会上全场为之鼓掌的成功人士。而他也终于明白，被要求退学的时候，他以为全世界都对他不好，导师在报复他。可事实上，一切都是自己造成的，是自己的混沌懈怠不学习，让自己掉进了人生的低谷。这世界从来不会跟你过不去，你得到的任何好与坏，都是自己造成的。

有句话是这么说的："根本没有正确的选择，我们只不过是要努力奋斗，使当初的选择变得正确。"就是这样。

为什么很多人的新年梦想只是梦想

文·李尚龙

无论是生日、元旦还是春节,都是一个新的开始。人们在一段旅行开始的时候,总喜欢对自己进行一些规划,设立一些梦想。这些规划,有些是在一个人时静静的想法;有些是和朋友聊天时最真的体现;有些是父母在家问到你规划时被逼出来的梦想,比如,妈妈逼问你打算什么时候结婚。

可是,很多人的梦想都成为了泡影,最终没有实现。原因很简单,我们都曾经天真地以为经过努力梦想是可以实现的,但成功学灌的鸡汤很多时候是有"毒"的。努力没错,但还要有正确的方向,没有正确的方向,越努力越失意;如果连具体的方向都没有,那么努力两天就麻木了。

发小H来北京两年了,两次考研都失败了,那年春节回家前,他一副强颜欢笑的样子跟我说:"我这辈子就这样了,大不了过一年回家。"我笑笑说:"也行。"

年前,H回家了。

过年那天夜晚，我在人人网上看见了 H 写的一篇文字，他慢慢地着笔，缓缓地抒发，写下了去年一年的孤单和难受。他说，在新的一年，他想出人头地，想不让日子过得那么孤单。我默默地看完了，并且转发了他写的文字，因为这么多年，很少看见性格平和的他下定决心去做一些事情。

这一年，他工作比原来努力了很多，至少我知道的是，他涨了一级工资。可又是一年过后，我们一起吃饭，他告诉我："今年的目标，还是出人头地。"

我问："今年没出人头地吗？不是涨工资了吗？"

他说："那算什么出人头地啊？"

我问："那你今年的梦想算是没有实现？"

他沮丧地说："是的。"

其实他的故事，是很多人追梦的缩影，他们实现了梦想的一部分，却不能让自己满意；他们努力过，但是觉得自己得到的和自己期望的有差距，可又不知道差距在哪儿。关于新年梦想，之所以我们很难满足，是因为我们没有把自己想要的细化到可以看见、可以实现。

一句"出人头地"是虚无缥缈的，每个人的定义都可以不同；

> 当目的可以被看到,当梦想不再那么大,当愿望没有如此空,每天才能制订出计划去完成它。

一句不再那么孤单是毫无意义的,因为人的孤单是常态,有时候人越多越孤单。那么为什么不把自己的梦想细化到可以看见?如果是我,我会把自己的新年愿望这样规划:今年要至少涨一级工资,今年我要找到一个女朋友。

当目的可以被看到,当梦想不再那么大,当愿望没有如此空,每天才能制订出计划去完成它。所以,新年愿望,从小开始,从能看见开始。

我在上课的时候,特别喜欢培养学生写日记的习惯。我告诉所有的学生,如果你不愿意写,也要在夜晚睡觉前闭目养神地静静思考一下今天做了什么,明天还要做什么。思考的时候要分成必须做的、喜欢做的和可做可不做的。先做必须的,再做喜欢做的,至于可做可不做的,有时间就做,没时间就拖一拖。

总有些时候,我们会忙到暗无天日,晚上倒头就睡,可是,却不知道今天做了点儿什么。这一天,其实就是白忙活。每天都乱忙,没有章法,没有计划,其实这是对生命的不尊重。

我的高中同学琰是做事高效的人,学习成绩很优秀。高考那几年,我很荣幸和他成为同桌,除了问一些题,他给我最大的帮助,就是他教会了我如何去利用时间。每天,他的手里都会有一个小本子，早自习时写下来今天要做的所有事情，一件件标记上，晚自习结束后画掉自己今天完成的最后一项。

他告诉我，这样的学习才是清醒的。从高考复习开始到高考结束，每天都看见他在这样做，最后他以优异的成绩被理想的大学录取，并且，他从来没熬过夜。简单的事情坚持做就不简单，我将他的学习方式用到了生活中，每天都会计划好第二天要做的事情，脚踏实地，不问太远，只做好今天的事情，过好当下的每一天。

其实我讨厌一个人问我十年的规划这样的问题，谁在二十多岁的时候能知道十年以后的事情，谁的青春没有过迷茫。

琰的这个学习方法就是一种很好的生活状态。过好每一天，过明白每一天，把一天细化成几个阶段，列下优先级，一点点地做：行走、记录、总结。大理想是要以天为单位的，比如你想今年拍一部电影，那么这个月你就应该把剧本写完，今天你就要动笔，五天后你就要去划分镜头，一个月后你就要去拉投资。一年的梦想，需要从每天的小事做起，计划好每一天。

在我们行业里面，我看过很多年龄和我差不多的好朋友拍出了好的作品。刚认识我的人都喜欢和我说："好羡慕你们能拍电影啊，你知道我小时候的梦想就是当个导演啊。"一开始，我会很开心地和他交流几句，后来，也就慢慢不愿意和他们太深刻地去交流了。原因很简单，他们第一步都没有迈出。

《孤单星球》的作者曾经说过一句话，很多人都知道：当你决定旅行的时候，最难的一步已经迈出来了。可是，他还有后面一句：如果你不迈出第一步，永远不知道你的梦想是多么容易实现。

我经常会在课上说："当你决定学习，是不是应该先买一本参考书；当你决定跑步，是不是应该先准备一双跑鞋；当你决定追一个女生，是不是应该先写一封情书；当你决定拍电影，你是不是应该先了解一下电影的制作。"因为我们不肯迈出第一步，所以发现，那梦想越来越遥遥无期，到最后，真的只是个"梦想"。

其实，我不是太同意迈出第一步就能实现梦想这样的话。但是，迈出第一步后，即使失败了，至少不后悔。与其老了之后感叹这个没做、那个没做，不如感慨这个做成了，自嘲那个做砸了。

曾经看《飞跃疯人院》，最让我感动的是，麦克墨菲跟疯子们打赌说自己能举起那块大理石，信心十足的麦克墨菲走了过去，费了九牛二虎之力依旧失败了。他说："At least I tried. At least I did that.（至少我去尝试了，至少我去做了。）"比起那些连尝试都不敢的疯子，他无疑是成功的，因为他迈出过第一步。

哪有什么天生幸运

文 · 入江之鲸

这几天，好些朋友来和我交流写文章的经验。我从两个月前开始在网上写文，第二篇文章就有幸上了微博热搜，转发破十万，后来陆陆续续写过一些转发很广的文章，前几天一篇文章仅在一个公众号上就已经点击破百万。我算蛮幸运的。于是不少人来问我，写作有什么心得吗？

我真的说不出什么来。讲来讲去，也就是"内容为王"和"很幸运"这两句话了。

其实，还有未曾说过的。比如，别人看到我是写了短短两个月，就攒到了两万关注，只有我自己知道，我写了岂止两个月。我收到第一本样刊是在 2006 年。到现在，快十年了。这些年里，我收过的样刊摞满了书架。今年过年回家，我试图把新的样刊放进去，发现已经塞不下了。

可是，就像我会把样刊封存在角落里的书架一样，我一直讳谈自己是个写作者。如果有亲戚朋友问起，我都只推说自己是写了玩玩的。其实我写得很认真,却不愿提及这份认真。因为我害怕,怕被问起笔名,对方得知后茫然地摇摇头,说没听说过。十年之间,我陆陆续续换了几个笔名,躲在无人知晓的一隅,写着无人问津的文字。

得知我在写文的朋友们,最经常问的是:"你出过书吗?"抱歉,没有。我想写长篇,编辑 A 对我说:"你没有名气,所以你如果想写,我们只能让你替有名气的作者代笔。"我拒绝了。

后来在一家杂志连续发表了一些文章,编辑 B 跟我约长篇。我每天想梗想到凌晨,几易其稿,好不容易折腾出详尽的人物设计和大纲给她,她却再也没跟我提过。这件事就此被搁置了。

我想出一本自己的短篇小说合集,把十几篇文章发给编辑 C,C 对我说:"你粉丝不够多,我们要慎重考虑。"一考虑,就是大半年毫无音信。过了很久后我再问她,这才得知,她一直晾着我的稿子,还没有送审。

有一个因为写作而认识的朋友,走红了。有一天,我突然想起,之前每天都在朋友圈发自拍的他,似乎销声匿迹了。我好奇地点进他的头像,发现里面什么消息都没有,只有一条浅灰色的横线,像休止符一样。我这才知道,原来他已经屏蔽了我,或者删除了好友。

遭到冷遇的经历,三言两语难以言尽。可是说真的,即使时时碰壁,我也从没有想过要停笔。

其实,我是一个挺务实的人,甚至有点功利。但是对文字,我却秉持着超乎寻常的耐心。我不敢说"十年如一日",但过去的这些年里,哪怕我知道可能再怎么写都摆脱不了小透明的命运,哪怕我知道自己可以拿写文的时间去做性价比更高的事情,我也从来没想过要放弃。

印象最深刻的高中时代,我租住在学校附近,学业压力繁重,自然没有人支持我写东西,于是我就偷偷地写。那时候我还没有笔记本电脑,便跟闺密借电脑,顶着冬日刺骨的寒风,骑车去附近大学的自习室,一个人一写就是一整天。听着键盘被敲击时发出的微弱响声,我会有一种莫名的满足感。

我随时随地将生活中的故事记录下来,即使最后大部分没能成为素材,现在看着那些生活记录,会有一种"噢!我原来还经历过这样的事情"的奇妙感慨。

寂寂无闻的漫长岁月里,我靠着一份愚钝的热爱,坚持到现在。如果说两个月攒到两万关注是幸运的,那如果把战线拉长到

> 幸运，从来都是强者的谦辞。每个幸运者的背后，
> 都有着与幸运无关的故事。

十年，或许就没多少人会羡慕我了吧。

去年在台湾，我遇到一个身障者。他在人烟稀少的山上开了一家餐饮店，从当初的无人问津，做到如今风生水起，很多文人雅士慕名来访。记者的长枪短炮架在他的面前，问他是如何做出这个传奇品牌的。他说了这样一句话：做就对了，做久了就对了。

人人羡慕他的幸运，才开餐厅没几年就备受关注。谁曾知晓，起步阶段，所有事情都要他一个行动不便的身障者亲力亲为，甚至连抽水马桶都要亲自打扫。他特地用手机拍下被自己打扫得光洁如新的坐便器，投影到屏幕上，在分享会时，乐呵呵地说："辛苦，但心不苦！"我竟然听得鼻子泛酸。

还遇到一个即将退休的导演，他说的两句话，让我印象极深。他说："喜欢什么，就把它玩下去，玩一辈子，就对了。"他还说："要有耐心，恒心。"每当想起这话时，我心中总是涌起一阵感动。他的话，对每一个追梦的人来说，是慰藉，也是鼓舞。

我的云盘里，有个文件夹，叫"英雄梦想"。里面存放着我曾经写过的所有文字，有被录用的，有被拒稿的，林林总总，许许多多。

杜拉斯有这样一句话——爱之于我,不是肌肤之亲,不是一蔬一饭。它是一种不死的欲望,是疲惫生活中的英雄梦想。

我把文字当作我疲惫生活里的英雄梦想。它曾经是藏在书柜里、无人看见的小小梦想,如今是被小小的一撮人订阅着的小小梦想。即使只是这样小小的成绩,我也深感自己非常幸运。因为这世上一定还有很多比我还努力的人,获得的关注却寥寥无几。

我有一个好朋友,十九岁就出了第一本书,可以说是幸运儿。可是鲜有人知,她是在实习上下班的地铁上,写完了一本书。

我有一个喜欢的作者,几年前,她的主职是会计师事务所的审计师,工作忙碌,但她一直坚持写作,甚至有时候地铁上挤得连座位都没有,她就站着拿着电脑打字。

这样的人,受到命运的青睐,也在意料之中。

我看过一个朋友的采访,当时他在的团队拿了一个全国性比赛的金奖,采访者问他们为什么能取得这样的好成绩,他们归结于"幸运"。于是,采访者写下了这样一段话——幸运,从来都是强者的谦辞。每个幸运者的背后,都有着与幸运无关的故事。

我非常钦佩那些靠努力付出得来成绩,却愿意归功于走运的人。他们很少在朋友圈发一些自怜求安慰的内容,心无怨尤,往往默默地把事给做了,却从不居功自傲。他们没有人定胜天的骄横,对生活永远抱着一种感激的、谦卑的心情。就算有天生幸运,也只有这样的人,当得起此等幸运吧。

有句话说,你只有足够努力,才能看起来毫不费力。而我想说,你只有足够努力,才有机会拥有好运气。

命运从未亏欠过你的努力

文·江罗

2014年我考研失败,同学L告诉我"选择比努力更重要"。他的话让我开始怀疑起过往的人生。我这样做到底对不对?究竟是我的努力还是他的选择更正确?

那时的L毕业后成为一名银行职员,他拥有别人羡慕的体面工作和稳定工资。而考研失败的我,在那个毕业的暑假成功失业了。走在大街上,我仿佛一只无家可归的流浪猫,我不知道该去哪里,该做什么。那时候,除了自身给的压力,还要面对家里对我工作的催促。我心里还存有一份对现实的不甘,我认为命运亏欠了我的努力。

我一直有个名校梦。高考失利进入一所二本院校,刚进入大学就一直在为圆名校梦的考研而准备。可现实却不尽如人意,我失败了。分数线出来的那天,我在被子里窝了一天,谁也不想见。可日子总要过下去的。某天,朋友Y说厦门工作好找,要我过去试试。于是,我当天就买票过去了。

可我在厦门兜兜转转，工作却一直没着落。一个礼拜过去，我投了上百家公司，简历仿佛石牛入海般毫无音讯。有一次，我和一家公司开始聊得好好的，可一听我没有项目经验，对方立马挂了电话。朋友Y劝我别投与IT类相关的职位，那些公司都喜欢招应届生，毕竟付的工资要少很多。可我又不甘心，坚持一家一家公司地投送简历。功夫不负有心人，第二周，我收到一家IT公司的面试通知。

我七兜八转来到厦门软件园，与负责人电联后在楼下相遇，相互寒暄了一小会儿，双方感觉良好。那时候，我有种被录用的错觉。开始的时候，面试很顺利。看到技术面试官点了点头，我心底下认为这工作成了。可之后，那位女面试官沉默地看了我小会儿，犀利地对我说："你们的课程，大三就应该结束了，为何你现在才找工作？"我本想把我考研的事情交代清楚，可一想到朋友Y千叮万嘱告诉我，有的公司不太喜欢考过研的。于是，我解释说，当时毕业旅行去了。面试完后，之前那个负责人礼貌性地将我送到电梯口，对我说："录用与否下午会发电子邮件给你。"当时我也没多想，然而一个下午过去，手机却根本没显示邮件信息。

我在朋友Y家又挤了两天,朋友H问我想考研"二战"吗?我一晚上辗转反侧,想起了那段整天待在图书馆的艰苦岁月,想起看书的战友们,突然有种想哭的冲动。曾经有好几次,我想发个短信问候他们一下,但我却迟迟未按下键。我害怕他们问起我现在的生活,我不想让他们知道,我现在过得那么惨。那晚上,我失眠了。我想起了L,他对我说的"选择比努力更重要"。我心里一直排斥他,仿佛赌气的孩子,我给他发了一条短信,短信上写着"努力比选择更重要"。

朋友L没有回复我。我不知道那时候,他的心情如何,是否真的认为我已经无可救药,决定与我绝交了。随后,我回复朋友H,我回来"二战"。第二天,我收拾好行李,跟朋友Y道谢告别。我继续走上了那条已经失败过的道路。我知道我有再失败的可能,但我并不害怕。那一年,我住在一间不足十平方米大小的房间里,开始了为梦中院校的"二战"。

我不知道在这个时代,梦想还值不值钱。在那将近四个半月的时间里,我习惯了一个人早出晚归,习惯了一个人在别人的学校里匆忙而过,习惯了那一张张陌生的脸,习惯了为节省一块钱车费而跑步去书店。我很羡慕那些看上去不怎么努力,却"轻而

> 命运从未亏欠过你的努力，
> 她总是以另一种方式补偿你。

易举"获得成功的人；也羡慕那些经过一番彻骨寒，最终赢得梅花扑鼻香的人。而我，看上去是那种表面上很努力，却怎么也成功不了的 loser。

那年到最后，我还是输了。很多时候，我会想，那所名校对我们这类看上去很努力却一直失败的人来说，真的就是一个梦想吧。亲戚们劝我安分点，别那么拼，"你就是那个命"。当初劝我重视选择的 L 得知我再次失利，也劝我说："你看我，在银行工作多好，待遇高，也没太大的压力，你还是安分点吧。"

在家过年的那几天，为了避开熟人，我选择窝在家里，或者去书店看书。正月初五，侄女闹着要看《美人鱼》，我解释说里面没有周星驰。她说海报上写着周星驰，那里面就有周星驰。我拗不过她，带着她来到电影院。我看到博物馆里那条咸鱼，突然傻傻地哭了起来。

我感觉我快变成了咸鱼，像咸鱼那样，在城市里随波逐流。我想起我的过去，起早贪黑，那么努力，可最后一无所有，成为别人的负担。"你成功地感动了自己，却成了别人的笑话。"

在厦门工作的朋友 Y 得知我再次失败后，微信安慰我说："你或许认为命运亏欠了你的努力，但你却经历了常人未承受过的孤独。你输了一场考试，却赢得了内心的笃定。你比想象的要更坚强，比你想象的要更有尊严。不管怎么走，我依然是你坚强的后盾。"

在那个夜里，我问过自己，像我们这种努力挣扎的小人物到底需不需要梦想。我们卑微地站在高楼之下，蚂蚁一样仰望城市楼林之间狭窄的天空，不知该往哪里走。最后，我想起了Y的安慰，她说的话不无道理。命运从未亏欠过你的努力，她总是以另一种方式补偿你。只要你一直那么努力，终有一天，你所希望的生活将会来临。

我再次拿上简历，穿梭于城市的各个角落，脑海中回荡着周星驰曾经说过的话："做人如果没有梦想，跟咸鱼有什么分别？"而这，也是现在的我对生活的回答。

为了诗和远方，
你不知道别人有多拼

文·依娜

工作的地方离我住的屋子比较远，所以每天早上，我都需要提前一个多钟头出门去上班。

今天早上，跟往常一样，我早早出门。然而，地铁站的人异常的多，车已经过去了好几趟，我却一直挤不上去。等到最后好不容易挤上去了，瘦小的我却被挤得无法动弹，手臂甚至被挤得有点发红。

我掏出手机跟朋友们发微信抱怨，朋友琪跟我说："我在1号线还好。"我说："我是2号线转5号线再转1号线，得等到后面才会松一点。"

这时，看到我们聊天记录的莹突然蹦了出来，跟我们说："我是2号转4号转5号，再转公交的。"

莹以前是做人力资源的工作。后来，她找到了自己喜欢的职业方向，鼓起勇气，辞职跨行。她拿到了很多新公司的offer，有些公司离家很近，待遇也挺好，但是，莹最后却偏偏选择了现在这家公司，待遇一般，离家也很远。

我很不解地说，这不是折腾自己吗？莹却回答："这家公司的平台背景比较好，而且很多成员都是从世界五百强公司过来的。跟优秀的人共事，会进步得更快，以后才会有更大的空间。虽然远点，但还是想试一试，坚持一年看看吧。"

为了更好的未来，莹需要每天早出晚归。即便如此，她依旧没有半点怨言，每天都很认真地工作，这让我很佩服。

有时候，我们会觉得自己已经很努力了，觉得自己很辛苦，都快被自己的拼劲感动了。但是，跟别人一对比，才知道天外有天，人外有人，才知道别人比我们还辛苦，才知道别人甚至比我们更拼搏。原来，跟你一样每天早出晚归的人有一大把，为了诗和远方，大家都拼尽了全力。

1

我想起之前看过的一个故事。

有一家公司的老板，在下班之后，突然发现了一家适合谈合作的公司。老板把助理叫来，说，你去打电话跟他们聊一聊，约

> 成功的人,他们总是在我们看不到的背后,
> 多做了一些努力。

一下时间。

助理看了看时间,都快晚上八点了。她跟老板说,现在都八点了,人家早就下班了,要不明天再打吧。老板笑着对她说,你不试试,怎么知道人家下班了呢?

于是,助理做好相关的准备,然后去打电话。

电话拨打出去,果真有人接。助理很吃惊地说,你们这么晚还在加班啊?

电话那头的人说,你们不也在加班吗?

其实在生活中,我们很多人都像故事中的助理一样,自己处于怎样的状态,便以为别人也是怎样的。可是,很多时候,事实跟我们想的却完全不一样。

下班回家,有的人吃完饭洗完澡,舒舒服服地在看电视,可有的人继续赶项目,或者看书学习。没有人会告诉你,TA在空闲时间有多拼。很多人都是在默默努力,每天比别人多付出一点点。成功的机会,也往往会降临在他们身上。千万别天真地以为你在轻松享受的时候,别人也会跟你一样。不要等到若干年后,或许别人已经成功了,而你,却在原地踏步。

2

读书的时候,我们经常会遇到这样的同学。他们上课不怎么听课,趴在桌上睡觉,看上去不努力,可是,每次考试却考得特别好。

印象最深的是当时班级里面有个男生读书很厉害,每次上课,老师在上面讲,他都是趴在桌子上,大家都以为他睡着了。有一次,老师看到他"睡觉",就让他起来回答问题,没想到他居然知道老师讲到哪里,跟老师对答如流。后来我们发现,平时上晚自修的时候,他是超级认真地在学习。回到宿舍后,他也坚持看书做题。

很多时候,我们也想取得成绩、有所成就,所以,也会经常跟别人做比较。看到别人不怎么努力,却有那么好的成绩,我们或许会很慌张,或者羡慕妒忌恨。可是,我们往往只看到别人的成功,却看不到别人背后的努力。

这个世界上,天才真的好少好少,大部分的人都跟我们一样普通。成功的人,他们总是在我们看不到的背后,多做了一些努力。所以,不要轻易去羡慕别人的成功。自己多付出一点努力，每天多努力一点点，积少成多，相信有一天也会量变产生质变的。

3

有时候，我们觉得自己工作、生活得很累、很辛苦，但是跟别人一对比，才知道自己是多么的幸福。

有时候，我们觉得自己已经很努力了，但是，当你知道别人背后是如何付出的，你才意识到自己的努力只能感动自己。

有时候，我们羡慕别人的成绩和成功，但是，我们并不知道别人究竟有多么拼命、多么努力。

我始终相信，没有一份成功、没有一份好成绩，是轻而易举就能获得的。生活中，无数的人每天都在默默地坚持着，每天比别人多努力一点点，向成功靠近一点点。他们为了诗和远方，在人们看不见的背后拼尽了全力。

不要在可以追求诗和远方的年龄，选择安逸。不然，在该安逸的时候，你也就只能努力地活着了。

我始终相信努力奋斗的意义

文·卢思浩

从北京回家的动车上,偶然听到邻座的小姑娘边哭边打电话给家人,她说:"妈,对不起,本来说好了赚钱了才回家的……"她蜷坐在座位上,极力压制着自己的哭声,"但是我尽力了,妈,我不后悔。"

联想起之前看到的一篇日志,有人说他始终不相信努力奋斗的意义。然而努力奋斗的意义,真的只是为了赚钱,或者为了社会所认可的成功吗?

我突然想起我日夜颠倒的那个死党,M。有一天周末晚上,他发来自己的封面设计,还没等我给出评价,他又说,不行,我还得再改改。其实我觉得已经很好了,可是他总是不满意。第二天中午他把改好的设计给我看了看,然后语音另一边的他突然叹了口气。"你说,我们这样日夜颠倒,这么忙碌,到底是为了什么呢?"他问我。

那时我想起一句,对他说:"归根结底,我们之所以漂泊异地吃苦,是因为我们愿意。我们这么努力,不过是为了给自己一个交代。"

就像那个跟我萍水相逢的姑娘打动我的那句话:"但是我尽力了,妈,我不后悔。"

不知道为什么最近出现了很多文说不相信努力的意义。然而这对我来说似乎从来不是一个问题,努力从来不等于成功,而成功也从来不是终极目标。那些终极的梦想,其实是很难实现的。但在你追逐梦想的时候,你会找到一个更好的自己,一个沉默努力充实安静的你自己,你会因为自己所做的事情而觉得充实。

我始终相信努力奋斗的意义,因为那是本质问题。

我一个朋友曾经问我:"如果有一天你的梦想始终没有实现,你会不会觉得很可怕?"

我对他说,没什么好可怕的。

他看着我说:"即使那些努力都没有回报?"

我觉得努力就是努力的回报,付出就是付出的回报,写作就是写作的回报,画画儿就是画画儿的回报,唱歌就是唱歌的回报。一如我的死党所说,虽然每次觉得很累,但当他看到自己的作品的时候,心里的兴奋和激动没有任何一样别的东西能够代替得了。

如果你的努力能让自己做自己喜欢的事情,那为什么要放弃努力呢?如果人能够做自己喜欢的事情,谁说这样不是一种回报呢?

我相信,任何人,不管他是个大人物还是小人物,只要做自己喜欢做的事情,一定是开心的。只要为了自己想要做的事情努力,那一定会感到充实。相反,如果你的努力是为了你不想要的东西,那你自然而然地会感到憋屈和不开心,进而怀疑努力的意义。

如果你的努力不是为了自己喜欢的、自己想要的回报,那么请停下来问问自己是不是太急躁了。

曾经在山区里看到过无邪的孩子们念书的情境,正如那些文里所说,这些孩子也许将来只能接过父母的活,在山区里继续着他艰苦的人生。然而他们却比很多比他们家境好的人快乐许多,因为对于他们来说,念书就是念书的回报。

曾经一个在北京漂着的哥们跟我说,他也许这辈子也无法逆袭,也许那些高富帅不需要怎么付出也能做出更好的成绩,但他还是决定继续漂泊,做一个奋斗的屌丝,他觉得这样子值得,失败了也不会有借口,也算是给自己一个交代。

你说登山的人为什么要登山？是因为山在那里，是因为他们无法言说难以满足的渴望。

为什么明知道梦想很难实现还是要去追逐？因为那是我们的渴望，因为我们不甘心，我们想要自己的生活多姿多彩，我们想要给自己一个交代，我们想要在我们老去之后可以对子孙说，爷爷我曾经为了梦想义无反顾地努力过。

诚然，也许奋斗了一辈子的"屌丝"也只是个"屌丝"，也许咸鱼翻身了不过是一个翻了面的咸鱼，但至少他们有做梦的自尊，而不是丢下一句努力无用，心安理得地生活下去。

你不应该担心你的生活即将结束，而应担心你的生活从未开始。

其实我在追逐梦想的时候，我早就意识到那些梦想很有可能不会实现，可是我还是决定去追逐。失败没有什么可怕的，可怕的是从来没有努力过还怡然自得地安慰自己，连一点点的懊悔都被麻木所掩盖下去。

不能怕，没什么比自己背叛自己更可怕。

九把刀在书里说过："有些梦想，纵使永远也没办法实现，纵使光是连说出来都很奢侈。但如果没有说出来温暖自己一下，就无法获得前进的动力。"

人为什么要背负感情？是因为只有在人们面对这些痛楚之后，才能变得强大，才能在面对那些无能为力的自然规律的时候，更好地安慰他人。

人为什么要背负梦想？是因为梦想这东西，即使你脆弱得随时会倒下，也没有人能夺走它。即使你真的是一条咸鱼，也没人能夺走你做梦的自由。

所有的辉煌和伟大，一定伴随着挫折和跌倒，所有的成功背后都是一道道困苦的高墙。谁没有一个不安稳的青春？没有一件事情可以一下子把你打垮，也不会有一件事情可以让你一步登天，慢慢走，慢慢看，生命是一个慢慢累积的过程。

有一个环卫工人，工作了几十年终于退休了，很多人觉得他活得很卑微，然而每天早起的他待人总是很温和，微笑示人，我觉得虽然他也许没能赚很多钱，但是他同样是伟大的。

活得充实比活得成功更重要，而这正是努力的意义。

我常说，你是一个什么样的人，就会听到什么样的歌，看到什么样的文，写出什么样的字，遇到什么样的人。你能听到治愈的歌，看到温暖的文，写着倔强的文，遇到正好的人；你会相信

> 你相信梦想,梦想自然会相信你。
> 千真万确。

温暖、信念、梦想、坚持这些看起来老掉牙的字眼,是因为你就是这样子的人。

你相信梦想,梦想自然会相信你。千真万确。

然而感情和梦想都是特冷暖自知的事儿,你想要跟别人描述吧,还真不一定能描述得好,说不定你的一番苦闷在别人眼里显得莫名其妙。喜欢"人家"的是你又不是别人,别人再怎么出谋划策,最后决策的不还是你;你的梦想是你自己的又不是别人的,可能在你眼里看来意义重大,在他们眼里无聊得根本不值一提。

在很大的一部分时间里,你能依靠的只有你自己。所以,管他的呢,管别人怎么看,做自己想要的,努力到坚持不下去为止。

也许你想要的未来在他们眼里不值一提,也许你一直在跌倒然后告诉自己要爬起来,也许你已经很努力了可还是有人不满意,也许你的理想离你的距离从来没有拉近过,但请你继续向前走,因为别人看不到你背后的努力和付出,你却始终看得见自己。

我之所以这么努力,是不想在年华老去之后鄙视我自己,是因为我始终看得见自己。

因为我想给自己一个成功的机会,趁自己还年轻;因为我必须给自己一个交代。

因为我就是那么一个老掉牙的人，我相信梦想，我相信温暖，我相信理想。我相信我的选择不会错，我相信我的梦想不会错，我相信遗憾比失败更可怕。

当你去追逐梦想的时候，这个"腹黑"的世界会制造很多困难来阻挡你，现实也会捆住你的脚步，但其实这些都是不重要的，重要的是你自己有没有那个决心。闭上你的眼睛，听听自己的内心，与昨天看到的日志不同，我始终相信努力奋斗的意义，因为未来的那个你，一定会感谢现在努力的你。

越努力越幸运，而我用时间换天分。

现在偷的每一个懒，
都是给未来挖的坑

文·蒙琪琪

1

最近单位在搞各项突击检查，大家都忙得手忙脚乱的，因为很多备案没有按时记录，现在要补上去，反而要花更多时间去回忆，还要花精力翻资料。

当然，我也是其中的一员。虽然刚毕业那会儿，我每天都像打了鸡血一样，今日事今日毕，但几年磨下来，还是慢慢偷起了懒。这不，关键时候就被自己坑了。

不知你是否也有这样的体验，看着朋友圈里别人在晒写得工整漂亮的小楷，下面的评论一片赞誉。关键是连心仪许久的男神都对她赞不绝口，突然就有一种羡慕嫉妒之情涌上心头，继而慢慢变为阵阵悔意。

回想自己小时候不是也练过好几年的书法吗，后来练着练着怎么就放弃了呢，不然现在能和男神互动的就是自己了。

因为偷懒而悔不当初的事太多了，以至于现在的我深深觉得，现在偷的每一个懒，都可能是给自己未来挖的一个坑。

因为，每一份努力都是实实在在会让你变得更好的存在，不仅影响你的当下还有你的未来。而偷懒，其实是提前预支了本不该属于自己的舒适，在未来你需要某个技能、某种能力帮自己渡过难关时，却发现自己早在过去的某一天亲手扼杀了它。

2

俗话说，人都是有惰性的，偷懒确实能给我们带来满足感。那偷懒是一种什么心态呢？

一是长时间紧绷，突然想放松，但又克制力不够。偷懒的反面是坚持，坚持总是不易的，需要咬紧牙关。长时间的坚持，累是肯定的，需要稍作休息也没什么不对，关键是绷紧的弦一旦放松久了，再想绷紧它就比较困难了。

二是侥幸心理。觉得一次两次偷点小懒没什么大问题，可是俗话说，不积跬步无以至千里。量变终有一天会达成质变的。如果一开始就没有下多大的决心，只是抱着试一试的态度，自己不够重视，那么中途开点小差也是很正常的。

三是压根儿就没有开始。现代社会，我们要学的东西很多，压力也着实不小。很多时候我们在决定一件事要不要做的时候，过多地要求它必须给我们带来些什么，对一些看起来不痛不痒的事情，就提不起多大兴趣。连第一步都没有跨出去，其实就是个"大懒"。实际上，只要做了，就有收获。而思想上偷懒导致行动上直接放弃的，则什么也得不到，除了日后某一天幡然悔悟时的深深叹息。

3

蔡康永说过："十五岁觉得游泳难，放弃游泳，到十八岁遇到一个你喜欢的人约你去游泳，你只好说'我不会耶'。十八岁觉得英文难，放弃英文，二十八岁出现一个很棒但要会英文的工作，你只好说'我不会耶'。"这段话真实而深刻。的确是这样，生活中有很多机会都是因为自己之前偷懒而错失了。

我们在开始做一件事情的时候，总会过多地去考虑这件事有没有用,是否迫在眉睫,如果明显是当下不做不行的,自然是完成得好好的。如果短期内看不到它的用处,偷懒的念头就会爬上心头,于是乎,懒惰小人妥妥地打败了勤奋小人。

印象最深刻的一件事,同单位与我年龄相仿的一位小伙伴,工作没多久就高升了,大家都十分羡慕他。后来偶然听同事说起来才知道,人家一直在锲而不舍地、勤勤恳恳地做着单位通讯员的工作,就是要长期、频繁地写稿子。

我努力回忆,之前确实看到过单位面向所有员工征稿的通知,当时虽然有心动,但一想到要写那么多文章,转念一退缩,就没有继续了。而那些空闲的时间,想来也没有被发挥更大的用处,不是在刷微博中流逝了,就是在聊天中消耗了。

如今看到别人因为坚持努力而有了更好的发展,我除了后悔、懊恼也别无其他。

我想起来爸爸在我上学那会儿,一直拿他自己的不努力来告诫我:想当初,爸爸就是贪玩啊,读完高中可以直接分配工作了,就偷懒不看书不考试了,还是后悔没有继续读下去啊……

时间是最公平的,与谁而言,一天都是二十四小时,选择偷懒蜷缩在舒适区,还是勤奋耕耘挥洒汗水,主动权在我们自己。

自己的人生只有自己去承受，有些事情早晚都是自己做，有些苦早晚要吃，那还不如在恰当的时段，趁着年富力强，先苦后甜。

4

路是自己为自己铺的，坑也是自己给自己挖的。你在偷懒的时候，别人都在努力地给自己铺路，一刻也不停歇。也许你还会嘲笑满头大汗的别人：嘿，兄弟，这么拼命干吗呢，休息一下吧。殊不知，未来不远处已经有一个大坑在等着你了。

年轻时候是人生的储备期，就好像是四季里的春天，本是该播种的季节，你却因为贪玩错过了，那春去秋来，等别人在秋天收获时，你又能收获些什么呢？

没有什么路是白走的，没有什么事情是白做的，很多看似没什么用的事情，其实都是成长的基石。

花有重开日，人无再少年。如果不想坐在坑里哭，感叹时运不济，那年轻时候就少偷一点懒，多坚持一下吧，时间会给你想要的。

你要感谢你自己

文·林宛央

1. 你要感谢机遇,更要感谢坚持的自己

2015年,因为几部电视剧的热播,王凯迅速火爆荧屏,成为2015年娱乐圈的现象级男神。

当他站在领奖台上,微笑着致谢所有人之后,他说了一句话。他说:"最后,我要感谢我自己。"

感谢那个不放弃的自己。

台下,嘉宾和观众都笑了。

我心里当时想,真是一个耿直的 boy 呢。人家都是感谢 A、B、C、D,巧妙地略过自己。唯独他,轻巧地说那么一句真心话。

然而,唯此一句话。不费吹灰之力,戳中了内心深处的防备。

为什么不呢?自己才是那个软肋,才是那个盔甲啊。

很多人把王凯定义为一夜走红。其实,哪有什么真正的一夜走红呢?早在很多年前,我已经看过他出演的电视剧,他像小透

> 运气，最多让人昙花一现。若你足够好，
> 你终将能遇到你所渴望的。

明一样，横跨了我的少女时代。

王凯说，他从来不认为自己是一夜成名。

在那一夜之前，多少个黎明与黑暗交替而过。

衣锦夜行的孤独坚持，更多时候，落入芸芸众生眼中，并非感动，而是好笑。

很多年来，他内心只听得到一种声音：会越来越好的。

这个，恐怕是所有在疲惫世界中坚持梦想的人之间，共同的心声。

我常对自己说："怕什么呢，最坏不过是大器晚成。"前几天，和几个出版圈以及微信大号牛人们聊天。说起一些在网络上爆红的作者。我感慨：真是厉害啊，只用短短的几个月就火了起来。

他们纷纷对我摇头："不不不。"

"姑娘，有些事情，你要看明白，他们可不是一蹴而就。在没火之前，他们耗费了多少精力在读书与写作上，你是不可能知道的。就拿某某来说吧，我认识她已经很多年，她的阅读量和创作量都多得惊人。熬了这么些年，才开始慢慢出头。你要是有她的坚持和阅历，终有一日，必有斩获。"

不得不承认，我又一次狭隘了。习惯性地看到别人的闪闪发

光,自觉地忽略他的汗水磅礴。

从前我一直认为,人的运气有好坏之别。为着逃避,把一些失败归咎于时运不济。

直到后来,我开始渐渐相信,那些能一路越走越好的,绝非运气主宰,而是实力所趋。

运气,最多让人昙花一现。若你足够好,你终将能遇到你所渴望的。

正如王凯所说,他感谢机遇,但他更感谢红尘跋涉中苦苦坚持的自己。

2. 你真的不用感谢苦难,你要感谢苦难中挣扎的自己

我有一个小叔,比我大六七岁,未满三十岁已经是四川一家科技控股公司的总经理,前两年娶了一个比我还年轻好几岁的姑娘,日子过得羡煞众人。

我读高一那一年,他在国内最知名的理工学校上大学,成绩优异,尚未毕业已经有好几个企业想与他签约,其中一家公司给出了大学学费全免、赠送一套房产的优渥条件,希望能够签他

五年。

所有的亲戚都眼红，感叹他有出息，运气好。

除了感叹的，更绝者身体力行，比如我老妈。

她坚持认为，是困境，成就了小叔的飞黄腾达，并秉承这种理念，无比强硬地为我安排一条浴火之路，认为只要烧不死我，就算被熏得面目全非，也照样能成为一只黑乎乎的凤凰。

我横冲直撞的少女时代到此结束，此后我几乎天天在和别人比惨。听说隔壁王小二天天读书至凌晨，打个盹儿，他妈就抽他一鞭子，抽怕了，成绩直接脱离不上不下，一飞冲天。我妈也效仿，抽我，她下不去手，于是改成不给零花钱，不让看电视，不让出去玩。妈，我是你亲闺女，不是你的杨白劳。你说，你这么对我，是不是因为我是交网费送的啊？

现在想想，觉得真是尴尬。然而当时，我也深信不疑，认为唯有苦难才是成功最有效的助推器。

因为小叔的确从漫天的苦难中路过。

小时候，读书里的故事，看别人描写贫穷，贫到卖儿卖女，穷到饿死街头，心里会想，真的有那么穷吗？我的家乡虽不富裕，但大部分人衣食无忧。

然而，只要每次过年去小叔家中，我便会对"贫穷是会死人的"这件事情有了重新的认识。是真的穷，家里三个孩子，永远没有新衣服穿。对小叔最深的印象是，他积年累月穿着打满了补丁的棉袄，鞋子灰扑扑的，辨不出原先的颜色，鞋帮和鞋底裂开了长长的口子，用麻线潦草地缝着。

小叔有个姐姐，一头长发像瀑布一样非常美丽。然而，第二年我再去，长发没了，变成了不规整的齐耳短发。"头发卖了，"她说，"能卖五十块钱呢，真值，够一家人一个月的生活费了。"

小叔的爸爸，是个木匠。挨家挨户去求着人家给点木工活，红白喜事的时候，日子好过一点，也不过是终于不用借钱交学费了。

最难的那一年，三个孩子，小叔和姐姐读高中，哥哥念大学。实在供不起，姐姐自动放弃了学业，早早地到大城市打工，吃糠咽菜，一分钱掰成两半花，饶是如此，家里还是穷。

穷也罢了。可怕的是贫穷带来的自卑感如影随形。虽然小叔成绩佼佼，但只要一走进考场，便有无所适从的不安。

所以，高考，他考砸了。不甘心，复读一年，仍然考砸。所有人都劝他差不多得了，以他的分数，上个本科还是轻轻松松的。

> 有人说,你要配得上你受的苦难。不不不。
> 你唯有打败苦难,让它配得上你。

他放弃的理由有千万条。家里穷,再读下去就是再抽父母的筋,剥父母的皮;上了大学也未必就有出息;已经两年了,谁知道第三年会不会更惨?

他不放弃的理由只有一条:不能就这么放弃了自己。于是,他说服父母,屏蔽周遭的目光,第三次参加高考。

其后四年,他在梦寐以求的清华大学攻读建筑系。再后来,他便有了而今的成绩。

前几天,和他聊天。我说:"你知道吗?你考上大学的那几年,我过得那个'惨绝人寰'啊,我妈说,吃的苦中苦,方为人上人。想尽办法逼我吃苦。认为我只有经历了和你一样的痛苦,才能有和你一样的成就。"

他也笑:"你知道吗?这是第 N 个人告诉我同样的话了。我还是最近才知道,吃苦在别人眼中也是件好事。"我吃惊于他语气中淡淡的无奈与不屑。但转瞬又恍然大悟,但凡曾被苦难深深折磨的,恐怕都不认为那是一件幸事。

小叔说:"我从不感谢苦难,真的。最煎熬的时光里,别人质疑的眼光,一贫如洗的家境,从来没有让我更强大,只是让我更畏首畏尾。每一次从泥潭里挣扎出来,靠的不过是那点坚持。

现如今，再看过去，说感谢倒不如说庆幸，还好那时候，自己没放弃。"

如果放弃了，所有的苦难都不值得一提，人们只会为你叹一句"命运多舛"。但因为没放弃，而今这些苦难成了皇冠上的宝石，人们会说这是上帝的馈赠。

很多时候，人类就是如此双标。

真正从苦难里摸爬滚打出来了，才能知道，重要的不是你承受了什么样的痛苦，而是穿过这些重重的苦难，你是个什么样的人。

有人说，你要配得上你受的苦难。

不不不。

你唯有打败苦难，让它配得上你。

3. 你不用感谢伤害，谢谢自己就够了

身边有个很要好的朋友，从小到大，什么都很顺。唯独感情，走一步错一步，像是得罪了月老，所以他老人家一激动，就千挑万选一堆烂男人送到她身边。

每次恋爱都以皆大欢喜开场，最后以覆水难收结束。明明只

是贪一点真心，贪一点温暖，结果月老抽完她左脸，再打她右脸，用最冰冷的现实告诉她：她想多了。

她的第一次恋爱，在大学时期。男生疯狂地追求她，送花送礼物，送到整个寝室楼呼喊声此起彼伏，为了不让更多人知道她的名字、年龄、星座、血型……她最终答应与他交往一段时间。

刚开始约会的时候，无限甜蜜，一度被奉为校园"金童玉女"。她逐渐进入状态，有点飘飘然，被宠溺的感觉毕竟很爽啊。

没爽多久，像百米冲刺一样，她刚做好准备，对手已经到终点了。跑到终点的他，带着嘲笑的眼神看向她："我们分手吧，我从来没有真的爱过你。"

她既惊愕，又愤怒。

对方轻佻地撂下一句话："你只是长得有点像我的前女友。分手后，觉得寂寞，想着玩玩，所以追的你，现在她回来了……你懂的。"

真是浑蛋啊。原来她只是淘宝买家秀。

其后，她遇到了各种各样不靠谱的男人。某一个，相亲中，花式七十二样炫耀自己如何多金，埋单时，花式七十二样装傻，她实在忍不下去，自己结了账。

还有一次，某任男友以家人生病急需用钱，借走了她手里一小部分钱。后来，她以出国旅游需要用钱的借口，试探了一下，果然，那个男人当即表示要把钱还给她，却在第二天消失得无影无踪。

还好，这些感情都是蜻蜓点水，并未伤得太深。不过，总归有点唏嘘。她在某个夜晚在朋友圈里发了一条状态：踩着伤害成长起来。

竟然有其中一位，恬不知耻地回复：

"所以你应该感谢我们曾经并不故意的伤害。"

"对啊，谢你当年不娶之恩，现在我才没有过得那么惨。"

然后，那个男人把她拉黑了。正好，省得她亲自动手了。

反正，她也不喜欢那些做了那啥，还要立个牌坊的人。

伤害了就是伤害了，如果不能大方承认，真诚道歉，至少也别再找借口站在道德的制高点，反过来寻求他人的感谢。

那些后来变得很厉害的人，不是因为伤害磨炼了心志，而是因为心坚志定，所以承受得住伤害。

但那些砥砺岁月里，因为伤害，而带来的失落、绝望，曾真真切切存在过。它差点杀死一个少女对爱与世界的信任，如果不是后来那些美好的人与事,她早就死在这些伤害里。

所以,那些伤害我们的人,我们应该感谢你什么?

感谢你当年手下留情,没把我们逼到无路可退?

小叔说:"如果人有顺境可走,谁愿意逆水行舟?"

惊涛骇浪、暗礁流石,闯过去了固然好,也因为闯过去了,所以那海阔天空才显得格外珍重。但如果闯不过去,你将永远看不到第二天的太阳。磨难、伤害就好像行进中的暗礁,它不会助力你的抵达,只会牵绊你的脚步。

人会死于安逸,但更多时候,死于无休止的伤害。

如果说困境有什么值得感谢的,大概就是衬托吧。衬托了自己的坚持,也让人懂得珍惜。

所以,不如谢谢你自己。谢谢那个坚持的自己,拼命的自己,在伤害里不放弃的自己。

如果没有当年的你,就没有现在的你。而伤害,不如一笑而过,不如从未遇见。

我希望每个人,都可以不从漫天的伤害里走过,通往美好的道路上,少一些披荆斩棘,便多一些纯真与善意。

你还没真的努力过，
就轻易输给了懒惰

文 · 渡渡

前不久一个孩子在微信上发了一大堆截图给我，仔细一看，都是介绍北大清华的牛人们的。这个得了奥赛冠军，那个门门年级第一。那孩子很颓丧地说："我觉得我再怎么努力也比不上他们啊，突然对自己的未来好没有希望。"

忽然想到了知乎上的一个经典回答："以大多数人努力的程度，根本还没到拼智商的地步。"

我的一个远房舅妈，一直是位亲戚中的著名人物。

由于时代的原因，她读到初中毕业就没有继续念书了。毕业后进入了工厂上班，经人介绍认识了舅舅，生下了表姐。一家人蜗居在一居室的小房子里，每天与邻居共享厕所厨房，每月挣着些死工资，日子平静无争。也不知道哪天起，或许是突然意识到了如果这样过下去，可能永远无法为女儿创造一个理想的生活环境，于是舅妈开始重新拾起了课本。

舅妈多年没有接触过书本，整日在流水线上忙碌已经磨灭了校园时候的激情。再次拿起课本的时候，发现很是晦涩难懂。后来听表姐说起，在当时年幼的她的记忆里，舅妈的形象便是一个日夜苦读的身影，手边永远放着一本本参考书和英语字典。看不懂单词和要点就查字典，然后记在小本子上反复琢磨。就这样学习了好几年，舅妈考取了夜大，并在读夜大期间发现了精算行业的稀缺，自学了精算知识，考上了精算师，在那个精算师十分稀缺的年代，她的证书变得炙手可热，帮助舅妈找到了一份待遇非常优厚的工作。

舅妈从工厂辞职后，鼓励舅舅也考上了夜大，拿到了文凭。如今他们早已经告别了一居室的生活，跨入了中产阶级。而一些当年的工友还生活在这些破旧的老宅里。老同事见面的时候，总有人说舅妈运气好，找到了好工作。但是所有的好运，背后都是无数的努力。

高考后暑假时候，大家在新生群里爆照，一个男生发来一张他高三时候的毕业照，又发来一张近照，简直判若两人。高中时候一百八十斤，眼睛被挤得只剩一条缝，肥大的运动校服被撑得满满当当，顶着一头乱草似的头发；而近照上的他，虽然脸上还是有点肉,但是身形已经十分匀称,不复浑身是肉、松松垮垮的模样。群里的妹子纷纷问他如何做到的,他说暑假吃得很少,然后每天拼命去健身房锻炼,才达到了这个效果。

大一时候认识的D哥还是一个浑圆的胖子,大学四年里看着D哥越变越圆,一动就赘肉在颤抖。D哥比我大一届,毕业找工作的时候并不顺利,许是形象的原因,一直没有找到理想的工作,考公务员的时候又以几分之差失之交臂。D哥黯然回到了家乡,准备开始去英国读研的事情。之后很久没有联系,再一次聊天的时候,D哥已经从那个浑圆的胖子,怒减几十斤,成了一个结实的肌肉男。

后来看到D哥写的日志,大四毕业后的一段时光他非常难熬,工作不顺利,体重又达到了人生的峰值,万般无奈下才准备起了留学。按照D哥的话说,"认识的自己已经低过了底线",出于想要改变的心态,D哥决定开始减肥。这个过程是非常辛苦的,他从一开始在跑步机上跑十几分钟就累得气喘吁吁,到可以坚持一个多小时。过了中午以后不管多饿都不会再吃一口,真正做到了"过午不食"。

某个朋友喊着要减肥已经许久,每天还是吃饱了饭躺在沙发上一边玩手机一边吃零食。当你好心提醒他去运动的时候，他又会找出种种借口，"今天太累了，明天吧"。过不了几天，站在秤上惨叫的也还是他。当然，如果新年愿望上写"我要瘦"也算是一种减肥的话，那么他也不是没有减过肥的。

经常听无数人嚷嚷着要减肥，但是成功者总是尔尔，失败者总会说减肥太难了。而问起那些减肥成功的人秘籍是什么，无外乎少吃、多运动。懒惰的人才会编出"不吃饱哪有力气减肥""不是不减肥而是敌人太强大"的段子，而真的去做的人，好身材就说明一切了。你叫了那么多句你要瘦，却从来舍不得少吃一口。减肥药、一周二十斤减肥法，从来都不过是人的安慰剂。

接下来再来聊聊爱情故事。

曾经在微博上发过一个有关异地恋的真实故事。父母朋友的女儿和男友异国恋爱了七年。两人是高中同学，毕业以后男生出国读书，女孩考上了国内某名校。七年里不是没有争吵和分离，也不是没有诱惑和孤独。女孩从大学开始，就一直四处实习攒钱，为了假期的时候可以去澳大利亚看一下男友。而男生则在课余的时候去餐馆端盘子，去车行洗车，就是为了攒一张机票钱回来看女友。

这样的生活一直维持了七年,直到男生研究生毕业,回到了国内。两人在去年九月结婚了,举行了盛大的婚礼。异国恋终成眷属,在彼此最美好的年华里没有选择轻易放手,而是选择了坚持。

还有前不久,微博上晒出的一对异地恋情侣,曾想过那么多次要放弃,最后又凭借几十次的互相鼓励而坚持了下来。那一沓厚厚的火车票,大概是支持他们走向婚姻的最大动力。

我们总说现在的人太浮躁了,说现在的社会没有了真爱。这世上有那么多人一边抱怨着要开始相亲度日,一边又罗列种种恋爱条件,强调家世、苛求学历、要求身高长相年龄、拒绝异国恋异地恋,林林总总,说到底不过是为了减少麻烦。要求越精准,对方也越符合过下去这个要求。其实说到底,不是真爱少了,而是人懒了,再也没有了去为爱坚持的勇气和付出一切去努力的决心罢了。

那些把你感动得痛哭流涕的所谓正能量,不过是主人公比平常人多坚持了一点,多努力了一些。

见过很多人,总喜欢给自己定一个巨大无比的目标。有一个远大的梦想是一件很不错的事,但是实现远大梦想,靠的是一个个短期目标的相连。可是很多人在定目标的时候就暗藏了懦弱的退路，脑海里怀着"既然目标那么难，那么不做到也没人怪我了吧？"的想法，然后拖拖沓沓，喊着苦喊着累，又随随便便放弃了。你问起他们的时候，他们会找出无数个冠冕堂皇的借口，却始终无力承认自己的懒惰。

也有人会整天说，"我努力挣钱有什么用呢？再怎么努力也比不上含着金钥匙出生的'富二代'""我为什么要努力读书呢？那些高智商的人随随便便就能把题目都解开啊"……怀着这些说辞的人往往对自己的生活不满意，而又不愿意直面人生惨淡的最关键因素始终在自身。

见别人奔波受累熬夜苦读，心满意足于自己的贪图享乐；见别人情商高朋友多，就觉得别人这个那个；见别人辛苦工作获得晋升，就觉得对方肯定送了礼拍了马屁，浑然忘了自个儿每天迟到早退，工作起来推三阻四。也忘了面子是别人给的，里子却是自己挣的。

什么都没干，就什么都想放弃。张嘴一来就是安享平淡，其实都是懒惰者的说辞。这想要的平淡里有花不完的钱，住着舒服的好房子，漂亮的衣服美好的食物，还有爱的人。你以为轻而易举，可是你看，这哪一样不得要费尽心思拼了命去奋斗？

特别喜欢《老情书》里面老太太的那段话："老和尚说终归要见山是山，但你们经历见山不是山了吗？不趁着年轻拔腿就走，去刀山火海，不入世就自以为出世，以为自己是活佛涅槃来的？我的平平淡淡是苦出来的，你们的平平淡淡是懒惰，是害怕，是贪图安逸，是一条不敢见世面的土狗。"

别在这辈子，活成了一个让自己都看不起的人。

为什么越努力越焦虑

文·艾小羊

1

新买了一本故事书,故事的最后一句是:"你等我吗?我等你啊。"读完这一句,我莫名感动。

在大家都担心来不及的世界上,还有没有一个人,愿意停下来等等你?甚至对于这个迅猛发展的时代来说,你还敢不敢开口问,你等我吗?

自从开通问答以后,我更清楚地知道了我的读者焦虑所在。除了问情感的,更多的就是二十出头的年轻人,询问自己的人生选择。尽管是付费问答,有个姑娘还是连续问了三次。第一次问是否应该考研;第二次问是否应该从事自己喜欢,但别人认为没前途的工作;第三次,是问她应该留在北京还是回家乡。

在她众多焦虑背后,我看到的是一颗害怕来不及的心。本科毕业,22岁,未来的人生有许多机会,也会有很多的变化,但她显然特别担心现在的某个选择会让自己掉队落伍,影响一生。

她不是个例,无论在我身边还是网络中,无论面对感情还是职业,许多人推崇的是年少成名。张爱玲的那句"出名要趁早"被反复演绎,变成了很多年轻人的人生信条。

可是,年少成名这件事,是无数机缘巧合促成的特例。所谓机缘,一为机会,就是时机;二为缘分,是为运气。

而努力,是细水长流的改变,是由量变到质变的积累,它可以让你变得更好,却绝不能保证年少成名。

2

从年初开始努力工作的朋友,最近非常焦虑。虽然领导对她的态度变温和了,同事的赞美比过去多了,但这些变化给她带来的成就感,远远不能满足她内心的期待。

另外一个小伙伴,终于决定相亲了,却备受打击。觉得相亲对象,无论她看得上的还是看不上的,没有一个够男神标准。

"我努力了,为什么还会焦虑?"

因为你就是那个拔苗助长的人啊。你享受的不是每一天的浇水与施肥、等待与期盼，不是那些微妙的越来越好，你只想看到秋收的盛大与辉煌，可是秋收并不会明天就到来。

越努力越焦虑的人，只相信努力的力量，却无视时间的力量。人生漫长，在起点与终点之间，隔着很多份努力。我们总会懈怠，会迷路，会在上升的时候遇到下坡。即使最勤奋最好运的人，有时候也需要等待。

跑得快的，等机遇的到来；跑得慢的，等状态的恢复。无论你付出多少努力，结局都不是急出来，而是等出来的。

3

每当我对焦虑者说，给自己一点时间。经常收到这样的回答，我怕来不及了。他们拼命向前跑，仿佛耳边有个声音大喊：我不等你！

命运不会这样绝情，相反，它永远会在门与窗之间，为你留一条生路。

即使永远奔跑的人，他们的人生又何尝没有错过？他们错过了孩子的成长，错过了与父母的相处，错过了一处风景，错过了一次别离。

不要急着问自己的第一桶金在哪里，可以共度一生的人在哪里。做想做的事，爱想爱的人，留在自己喜欢的城市，没有哪个决定会定格你的一生。你的一生很长，即使到了四十岁，依然有扔掉六便士，奔向月亮的机会。

我的人生信条，是不要在焦虑的时候做选择。所以，我珍惜自己的心态，胜过机遇与选择。如果不能平心静气地面对一个决定，我会选择等一等，等风来，等天晴。

如果你经常焦虑，就很容易陷入每一个选择都出错的状态。

选择是要时间去养育的，没有时间的养育，就像心急的种树人拔掉一棵种一棵，永远看不到结果的树。四季轮回，只有坚持几个秋天，才知道哪一棵树上能结果。

你等我吗？我等你啊。若你以温柔之态，对待生命的种种，命运必会以同样的态度，对待正处于瓶颈或倦怠期的你。

下班后的生活，
决定了你能走多远

文·李尚龙

1

繁华又迷茫的都市，有多少人真正做的是自己喜欢的工作，又有多少人是先谋生，再谋爱？

几年前，同事小方和我一样，在这座城市里当英语老师。白天上课晚上备课，生活像上了发条，虽累，但重复着。可是，几年后，小方依旧在上课，每天十个小时，从早到晚，连上课内容都一样，而我成功转型成了导演、作家。

我不是炫耀，只是每次小方跟我见面时，我都会受不了她跟我有以下这段对话。她说："你运气真好啊，赶上了我们国家文化大发展的时候，才能顺利转型。"

我说："小方，这世界上没有毫无理由的横空出世，我还是很努力的好不好。"

小方说:"你哪里努力了,你就是聪明。当年我们每天都被课程安排得满满的,回到家不是直接睡觉就是看看电视就睡了,你竟然能辞职后这么快就换了轨道,竟然干得还不错,不是聪明是什么?"

每次说到这里,我都摇头,不知道该如何接,她的话让我觉得"聪明"是贬义词。

记得那段每天都在上课的日子,我几乎都是凌晨三点才睡觉;下班后,人确实很累,可是,同事打开电视,而我打开电脑;他们看节目,我码字;他们喝酒,我喝咖啡;他们准备睡,我准备熬。

那段时间,我每天一部电影,每三天一本书。笔记记在厚厚的本子上,光是本子,就写满了十多个。我很感激那个时候的独处与平静的努力,我用下班的自由时间磨炼出了另外的一技之长,才能在机会来了之后,牢牢把握住。

我讨厌别人说你运气好。运气是很重要,但机遇倾向于有准备的人。一个从来没准备的人,就算运气敲门,他也全然不知。

其实很多人都在忙碌地上班,朝九晚五、筋疲力尽,但毕竟下班后的时间是自己的。这些时间,只要学会积累、合理支配,一定能够打造出专属自己的兴趣,坚持下来就能成就一个更好的自己。

我喜欢这样一句话:一个人下班的时间,决定了他的高度;

> 每个忽然转型的人,
> 都有着许多平静努力却无人问津的时光。

一个人如何使用空闲时间,决定了他能走多远。

2

我想起一个学生,大学期间,被迫选择了一个自己不喜欢的专业,可他却迷恋着摄影。这样的人,在大学校园里很多。他经常在微博里跟我留言,说自己想成为一个优秀的摄影师,可是已经晚了,自己被分配到了这么一个专业。

我很纳闷,问:"哪里晚了,你还这么年轻。"

他把当摄影师这个梦想告诉身边的朋友,所有人都觉得他疯了。这个世界总是这样,追梦的路上,总有些人不停地笑。放心,他们会一直笑,直到你实现了梦想,这些讥笑才会变成苦笑。接下来,就该你开怀地笑了。

后面的日子,他依旧和所有人一样,该上课上课,该考试考试,除了他时常带着单反。几个月后的某一天,辅导员在会上宣布,我们班有人获得了国际摄影比赛一等奖,正是他。

毕业后,他通过自己的作品,考上了北京电影学院的摄影系。同学说他是个天才,可他却说:"我不过是用了别人睡觉、打游戏的空闲时间,专注做了一件事情而已。"

后来我才知道,每天他都起得很早,趁着露珠还在、晨光初现,按下第一次快门;晚上路灯下,看着灰蒙天空、皎洁月光,按下最后一次快门。短短的几个月,他按下了数十万次快门,拍下了无数张照片。晚上在自习室,他打开 PS 修图,图书馆里,除了他,只有那些考研的孩子。

每个忽然转型的人,都有着许多平静努力却无人问津的时光。他用空闲的时间做了喜欢的事情,他不是天才,只是个努力的人。

3

这些年,我见过许多要辞职的人,他们把所有的不顺和平庸都归因于所在的这家公司。其实并不是,你可以用下班时间做得更好啊。

我也见过许多想要退学的人,把所有的痛苦和无能归因于学校太差专业不好。其实也不然,你能用空闲时间去旁听课、看喜欢专业的书籍啊。

人总要度过生存期,才能谈梦想。度过生存期时,确实不好受,或许你做的是自己不喜欢的事情,好在,这种不好受并不是一天二十四小时。其实你的抱怨，不过是借口而已。现在的工作真的会占你很多时间吗？那么这些时间背后呢？你做了什么事情去改变现有的生活呢？

我曾经问过一个朋友，当你做了一份不喜欢的工作，接下来你要干吗？他给出了最好的答案，先干着，然后用空闲时间磨炼出一技之长，然后投简历，骑驴找马，等时间成熟了，再凤凰涅槃。

可有一些人呢？他们一边抱怨着自己不喜欢的生活，一边下了班无所事事，第二天继续抱怨，无休止地循环下去。

这世界没有那么多一帆风顺，可是，抱怨却不改变，指责却不反击，一段痛苦时间后，人没有学会触底反弹，反而开始苦中作乐，才是最可悲的。

所以，别逃避，去提前准备。那些空闲的时光，一定不会辜负渴望更好的你。

慢慢来,请别急。

生活终将为你备好所有的答案。

请相信,淡定平和的内心与奋斗不息的精神,一定会让你灿烂绽放!

年轻人就是要有那么一点傲气。
如果连自己的路都不敢走的话，
那叫没出息。

《奋斗》

不要怕努力了没有结果。你在路上看到的风景,不努力的人连看的机会都没有。

年轻，
就是拿来折腾的

文·李尚龙

朋友离开北京了。每次离别，都像永远不会再见一样。不过时光本身就是难以预料的，谁能确定，今天的离别，不会是最后一见呢？朋友说，她想要平淡的生活，自己一个女生，不想在北京承受着买房买车的压力，更不想整天加班加点，在夜深人静时哭泣。

我点点头。你不是她，无法为她做决定。但我深知，几年前，她不是这样的。

刚认识我们的时候，她是一个美编，做的图十分漂亮。她大学刚刚毕业，立志在北京打拼下去，我见过她夜深人静时的哭泣，见过她披星戴月地加班。她用空闲时间，还报了一个英语班。

可是就在这时，父母催婚，说她二十六岁了，在当地，正是应该结婚生孩子的黄金年纪，在北京一个人浑浑噩噩的干吗？她每天都在奋斗，不知何时自己的努力竟然在父母眼中变成了浑浑噩噩。

可是在北京这个相对包容自由的城市里,大家并不会因为一个人不结婚而议论纷纷。逐渐,母亲开始爆发,她不停地告诉自己的女儿:"平平淡淡才是真,一个女人要什么事业,有个家有个孩子,才是最重要的。"

其实,一句平平淡淡才是真,废掉了多少正在打拼的年轻人。长辈说的平淡稳定就是真,不假,是因为他们大半辈子辛苦劳作,之后,回首往事才觉得平平淡淡是真。可是他们是否想过,子女才刚出校门,还没开始奋斗,就念着平平淡淡。所谓的平淡,不过是平庸而已。

终于,她选择了那所谓的平淡,她辞掉了工作,接受了母亲给她安排的一个当地公务员的职务。接着,母亲安排她相亲,她见了几面,然后母亲匆匆地催她结婚。她和我们联系得越来越少,毕竟,路不同了,大家忙了,感情也就淡了。

有意思的是,几个月后,她又回到了北京。在上飞机前,她一个劲儿地给我打电话,让我去接她,我以为她就是来玩玩,没想到,她拿着大包小包下了飞机。后来才知道,她逃婚,辞职,只身一人又来到了大城市。她笑着说,青春是拿来折腾打拼的,我不要平平淡淡。我送她到她早就租好的房子。北京的夜，忽然间美得让人睁不开眼。

无论生活多难，总要坚持一下，坚持后，再谈平淡稳定。毕竟，平淡是历经世事之后的淡泊，你还没有见过世界，就想隐居山林，到头来只会是井底之蛙。

我坚持锻炼，身体很少出问题。只是有天半夜，忽然牙疼到受不了。第二天我去医院看病，当我走进医院时，几乎每个人的脸上都带着痛苦，每个人的表情都很难过。医生说我的牙齿之前就坏了，我工作忙没及时看，然后急性发炎加重。医院排队时，身边都是老人，只有我一个年纪轻轻的。

其实，谁也不知道明天会发生什么。唯一能做的，就是过好今天，用最好的姿态，迎接明天。年轻，就是拿来折腾的。

忽然明白，那句"平平淡淡"毁掉了多少年轻人。当蜡烛烧尽时，才有资格感叹曾经闪耀过的光芒照亮过哪里；当飞蛾扑火后，才有资格议论舍生追梦值不值得。

我们都一样，年纪轻轻，过早地选择那些所谓的稳定平淡，或许只是平庸而已。如果可以，我不要就这样平平淡淡过完一生。又或许，等我们奋斗了一辈子，白发苍苍，和最爱的人坐在公园的长椅上,我们能看着彼此,回首往事,再懒洋洋地说,平平淡淡的生活真好。

这样的生活,会不会更有意义?

你那么年轻,
还不懂努力奋斗的意义

文·暖先森

端午节和一位朋友做房地产派单兼职,不是我这个人吃苦能干,是钱包里确实羞涩,摸摸口袋,几个钢 碰得叮当作响。我们的队长是个奔三的80后,戴一副黑框眼镜,白衬衣、短头发,整个人斯斯文文,一眼就会给人留下好印象。

我们抱着一叠房地产宣传单,在一家小型超市门口溜达。人流稀少,我和朋友装模作样地向路人问好,抱着打打酱油的心态。所以大部分时间是两个人挤在一起,说说笑笑,摸旁边睡觉的哈巴狗尾巴玩儿。管他呢,撑完一天给一天钱,我要不是买不起泡面了,怎么会在这当电线杆!

我看看陈队长,他和几个同事坐在街道的老树下乘凉,眼神迷离不定。可能是经常来这里拉客户,陈队长的脸被晒成了紫红色,皮肤黝黑。朋友说:"看,队长蹲点呐,就差一只碗了。"我"哈哈"地揪哈巴狗的尾巴。

队长人好，又健谈，我们为了偷懒就和陈队闲扯。我说："你每天这样挺无聊的，风吹日晒，薪水又低，还工作得这么认真？"陈队笑笑，说："是啊，即使很苦，还是要坚持工作的，即使看不清前面的方向，还是要努力拼命的！"

　　相比，我和朋友的大学生活空虚堕落，早上睡到自然醒，晚上打牌玩游戏，时不时地去旁边的小吃街"狂吃海喝"。所以对他所说的那样拼命的努力生活，即使赞同和认可，也是无法感同身受。

　　我们都知道生活难过，但年轻时都是情绪上的难过。具体难过的对象是什么，你也说不清。社交圈里发一张自拍照，配上抄袭来的两句呻吟，巴不得让全世界都知道，我今天难过了，好难过啊好难过，你们快来安慰我啊！我们明明听过很多大道理，见证过太多不堪的人生，明白生活中的重担和压力，可我们就是不懂。

　　陈队说，不是不懂，是因为太年轻，是因为没体验，没体验就没有概念，没概念就不足以对你构成压力和挑战。

　　陈队毕业五年，大学在一所二流的师范类学校学习营销，转过几个大城市，跳过几次槽。但总感觉从一个槽里跳出来，就又跳入了一个坑。典型的"屌丝男"，房子是阴暗狭窄的廉价租房，车子是挤成肉饼的公交车,偶尔打的都心疼得不得了。而女朋友很现实,说要买得起房子再考虑结婚。我想,日子本来就如此的苦,但陈队还是要毫无终点地继续苦下去,这该是怎样的苦。

陈队所在的房地产公司,门面小,所以升职无望。假期加班加点,薪水去了一个月的房租和水电费,连给女朋友买盒面膜都是奢侈。但陈队依然毫无松懈地做着自己的本职。衣服皱巴巴,但洗得干干净净;皮肤晒得发紫,但嘴角常常挂起的笑容却从不向生活妥协。

前途看不清方向,但奋力狂奔的人,会稀释周围的迷雾。路走错了,可以换一条,但挪出的脚步,就会让你比停步不前的那个自己更好一点。不是你非走不可,是困在原地,就会永远迷失。

陈队说,在这家小公司工作,看不到未来和希望,所以干完一个月,就会辞职另谋出路。他说这话的时候,脸上刚毅、沉着,看不到一点寒酸和无望。

我们临走时,陈队对我们说,以后出来工作面试,不要听一些小公司忽悠说"我们给的工资不高,但可以锻炼你的能力"。其实,薪水才最重要!不管怎样,你都要不断地去努力。大道理谁都懂,可你们还年轻,有些事情没有经历,没有体验,所以还

> 拼命地去努力，才让你在最美的韶光里，成为最好的你。

不懂。

我能想到陈队刚毕业时，和大多数毕业生一样，胸中充满了理想和大志。但如今，陈队努力的一切方向都很简单，有自己的房子，有车子，有老婆和孩子。想想是这样的简单，又那样的艰难。

我知道，如今的陈队不是物质和现实，是生活在他身上改变了很多东西。它会磨掉你身上的棱角，或大刀阔斧，或小修小补。但一定会让你朝着适合自己的方向发展。

时间会解构很多东西，包括热情，包括情绪，包括对所有事情的理解和定义。而最后你成为的那个人，一定会比原来的那个自己更努力，更优秀，更懂得奋斗的定义和意义。

我知道你难过，我们都难过，所以要拼命地去过。

我知道你想哭，我们都想哭，所以要拼命地忍住。

奋斗的意义，不在于一定会让你取得多大的成就，只是让你在平凡的日子里，活得比原来的那个自己更好一点。让你与生活少一点妥协，让你有更多的力气保护你所喜欢的东西，让你对一切美好的事物力所能及。

更重要的是，拼命地去努力，才让你在最美的韶光里，成为最好的你。

我们还年轻，
不够好又有什么关系

文·七月

一个朋友跟我说，他总是太急了，好像自己还没学会走，就想去跑，所以常常把自己弄得很累。这种感受，我也有。

刚学日语没半年，我就想自己能够考下 N1 就好了；希望自己可以一年读上百本书，让自己一下子变得优秀；希望刚毕业第一年就可以拿到很高的工资，吃喝不愁，衣食无忧；写一篇文章，希望一夜之间可以刷爆朋友圈，红得人尽皆知……可是，后来这些期望大多事与愿违。当结局总是跟我期望的不一样的时候，我才明白，在成长这条路上，在变得优秀这条路上，我太过心急了。

急于求成，急于被人认可，急于翻身改变命运，急于得到一切。当这些操之过急的愿望没有实现的时候，我就同朋友一样，百爪挠心，辗转反侧。我变得焦虑、不安，时常觉得自己无能。我就是伴随着这样的心情，在最深的渴望里，努力着，学习着，纠结着，煎熬着。

我一边给自己打气，要不断努力，成为更好的人；一边又备受折磨，觉得自己为什么还是不够好，为什么比他人还是差那么多。别人红了、成名了，粉丝和年薪都几十万了，而我呢？

那种滋味真的不好受，它让你觉得自己太贫乏了，太无能了，太差劲了。坐在地铁里，我经常累到想哭；夜里睡觉的时候，也常是彻夜难眠。我的自尊心在折磨自己，我不能够容忍自己不够好，我不能够接受自己还不够优秀。

可是，接受自己不够好，承认自己暂时的"无能"，真的那么艰难吗？

记得一个同事跟我说，他最大的优点就是善于原谅自己。当自己犯错的时候，当自己没有达到自己期望的时候，当自己感到累的时候，他选择不为难自己。我想，我也必须承认自己不够好这件事了。我读书不够多，我的工资不够高，我没有几百万的房子，也没有几十万的存款。

我日语学了一年，还是很差劲；我没有保证自己每天都读书；我上班会迟到，周末会想在家睡个懒觉。那些我想一下子过上毫无压力的生活，一下子功成名就的愿望，都是源于对现状太过艰难的畏惧和恐慌。在困难的境遇面前，我做得不够彻底，我没有全心全力地去面对。累的时候,我总想要逃,怀疑自己,怀疑生活,怀疑理想的意义。

可是,在我如此沮丧的时候,我发现自己还是无法停下来。即便我接受了自己没有天分、不够优秀的事实,我还是不愿意放弃。起码我今天要比昨天好,我今年要比去年好,我明年要比现在好。我做不到一蹴而就,起码应该做到让自己越来越好。

事情为什么不能从另一个角度看呢?以前我只是一个在北京五环外实习的杂志社的小编辑,现在我已经跻身行业里非常有实力的图书公司做产品经理了。以前我一年读三十本书,去年我读了五十多本了。以前我连日语里的一句"谢谢"都不会说,现在我多少可以说点口语了。

我不全是无能,我只是还不够好,并且对于自己不够好这件事,太过心急,不能坦然接受。

我不是告诉自己今年要读一百本书吗?我不是要求自己文章要写得越来越好吗?我不是在努力让自己升职加薪工资翻倍吗?我不是还打算去学学画画、练练书法吗?我不是对自己、对未来,都比从前更有信心了吗?

"我还那么年轻,不够好又有什么关系",我能够越变越好,

> 当你自己足够好的时候,一切都会好起来的。前提是你要对自己会变得更好这件事,深信不疑。

不就可以了吗?

那些功成名就的人,十年前也大多跟现在的我们一样,一无所有。可是,我们拥有跟他们同样的心气和斗志,十年后,我们也不会太差的啊。我们也许会成为他们那样的人,甚至比他们更好,不是吗?

对于年轻的我们来说,没有上过重点大学又怎样?没有一毕业就拥有金饭碗又怎样?没有进大公司获得优渥的待遇又怎样?没有男朋友,没车没房没户口又怎样……

身边只上过普通大学的朋友,后来摸爬滚打也年薪百万了。最初在七八个人的小公司里"暗无天日"的码字员,最后也凭借经验和能力进入上市公司了。以前没钱要住地下室的同事,现在也有能力住在三环的独居卧室了。

我们一直在努力变好,不是吗?只是在我们还不够好的时候,我们何不试着体谅自己。我们只是需要时间去改变这些,而不是埋怨自己无能。当我们累了的时候,我们就坐下来休息休息;当我们口渴的时候,我们就站起来去接杯水喝;当周末休息的时候,我们适当给自己放个小假。

比起成功,我更希望我们可以成为一个快乐幸福的人。比起你飞得多高多远，我更担心你过得好不好，心累不累。只要你一直在努力，让自己变得更好，就千万别太着急，别太为难自己。年轻的我们，还有大把时间，用来改变命运。

一个朋友说，她觉得自己就像是一个孤单的星球，无父母依靠，没有朋友帮助，也没有爱的人关心照顾。那个时候，我跟她说，"当你自己足够好的时候，一切都会好起来的。前提是你要对自己会变得更好这件事，深信不疑。"

我们需要明白，跟优秀之间，我们不过只差一个时间的距离。

希望努力着的每一个人，坚持并快乐。

你二十几岁，
迷茫又着急

文 · 闻人很二

Cicy二十六岁的生日，也是她在北京独自打拼的第二年。想着她刚刚结束一场漫长的异地恋，我特地请了假从上海飞去陪她。简简单单的一桌菜，一个小小的蛋糕，两瓶红酒，两个人一直窝在沙发上聊到深夜。

"事业特别迷茫，感觉没什么成长空间，也看不到晋升机会。想辞职转型，但不知道自己想做什么适合什么。如果要转入陌生领域从头学习，又担心自己选错行业方向后悔。"

"觉得自己很难再遇到合适的人。常常加班，几乎没有时间、精力谈恋爱经营一段感情。有时候甚至觉得自己要做好一辈子一个人过的打算了。"

"房租的涨幅比工资涨幅还快。好多好多琐碎事情和世俗压力不断积压。开始担心爸妈的身体健康。"

"有时候真的感觉好累好累。特别是生病一个人深夜去医院看急诊的时候,开始怀疑自己的人生,质疑自己为什么要只身来一个陌生城市打拼。"

…………

吐槽归吐槽,无奈归无奈。我俩也清楚地知道,宿醉后的第二天还是要打起精神来,还是要回到各自的生活轨道上,像陀螺一样运转。

我一头扎进厚厚的靠枕里:"以前大人总提'中年危机',瓶颈期压力大。可我们才二十多岁呢,怎么就这么迷茫焦虑了?"Cicy说,这大概就是所谓的"四分之一人生危机"吧。

二十多岁时经历的人生危机感,大概是说人生依旧拥有可能性却又不太吃得准自己是否能实现,不确定能否成为想要成为的人,还有没有足够年轻的资本去挥霍,去随心所欲。

我们慢慢会意识到,前面没有什么东西可以让自己依靠,因此不得不开始依靠自己。也意识到,再没有任何方向可以参照,也意味着必须摸索出属于自己的方向。无数次地想要按下人生的暂停键,停一停整顿一下糟糕的自己,却又身不由己地被生活浪潮推着往前赶。

Cicy不止一次地说过,她特别佩服她的前任总监,三十五岁,两个小孩的妈妈。每天早上提前半小时来公司，处理邮件事务并开始安排一天的工作。即使是同时顶着几个项目的压力，也依旧保持优雅淡定，细致有条理地规划好行事历；即使是临时要给老板进行重点工作汇报，也从容不迫地泡上一杯绿茶，打开本子整理好思路，迅速列明报告提纲；即使被借调去处理全新领域的项目，也不急不躁，召集下属开会了解新领域的问题和项目的进展，有条不紊地推动新项目的落实。

最难能可贵的是，"日理万机"的总监还坚持每天给两个孩子用心做丰盛早餐，晚上回家给孩子洗澡，听两个娃娃发表"浴缸演说"，安顿好孩子睡觉之后开始看书，打点家里的花花草草，用水果烘干机、榨汁机、烤箱等做些简单的健康零食，有时间的话还自己准备一份明日的午餐便当。

后来因为丈夫工作调动，Cicy 的前任总监也便辞职一同去了美国。三十五岁的年纪，她申请了哥伦比亚大学的硕士，带着两个孩子，一边在学校念心理学硕士，一边在美国公益组织开始实习。

"为什么人家带着两个娃娃还能这么优雅淡定？为什么人家能从容不迫地安排好时间，有条有理？为什么人家有胆有识，对自己的人生有着清晰的规划？"我刚下飞机打开手机，便跳出Cicy的一连串语音消息。

说实话，Cicy的一连串问题我也回答不上，因为这也是我最最困惑的地方。我也羡慕身边那些年长成功人士的优雅淡定，钦佩他们身上那种我学不来的从容不迫，厌恶自己的迷茫痛苦、慌里慌张。

也许，此时此刻所经历的"四分之一人生危机"，恰恰就是上天的用心安排，是每一个年轻人的人生必经阶段。

我们父母一辈人大多在二十多岁的时候就已经完成了婚姻家庭和事业的选择，也很快从一个懵懵懂懂的少年学生进入了稳定成人角色的过渡阶段。然而我们面临的情形和他们截然不同，城市化水平提高，受教育程度也普遍更高，原本成人期该做出的许多承诺和责任都被推迟了，而从青春期开始的、对于自身角色的探索期，则被持续拉长。

被拉长的探索期里，显著特征便是对未来的迷茫痛苦、频繁的变化、对人生可能性的种种未知。经历过这样的跌跌撞撞，才知道自己内心所向；经历过这样的迷茫不安，才会不断逼着自己前行，探索新领域新环境；经历过这样的窘迫尴尬，才耐得下性子沉淀积累，埋头前行。

记得Cicy的前任总监有一次回国后跟她吃饭，微笑着听完Cicy对自我人生的怀疑和迷茫困惑，一如既往地优雅。她告诉Cicy："年轻人，不要急。你正在经历的痛苦迷茫也正是我曾经经历过的阶段。你要知道，那个时候的我也是不断挤时间上完有关时间管理、组织架构和领导力提升的课程，补充各种新技能，才能够慢慢掌控好自己的工作节奏，渐渐学会有条不紊地梳理工作的轻重缓急。"

对于大部分人而言，二十几岁时个体的生活状态、角色身份一直是不稳定的、混乱的。只有慢慢接近三四十岁，向成熟期过渡的几年里，这种混乱、不稳定的状态才会得到缓解。而很多人在追溯自己二十多岁的年华时，通常发现自己往往在那时做出一些对一生有持续影响的决定，比如伴侣的选择、事业道路的明确等。

所以，这一时期的迷茫与纠结恰恰是宝贵的必经之路，不断尝试探索、跌跌撞撞、体验经历，才让我们在进入稳定不变的三四十岁之前，更清楚自己喜欢什么、不喜欢什么，从而为自己做出更好的决定，完成对爱、工作、世界和自我身份的认知。

任何人与事的成功都无法一蹴而就，每一阶段的抵达，身后都是一步一个脚印的积累。只要不急不躁，耐心努力，保持对新事物新领域探索的好奇，就是行进在成为更好自己的路上。

好好花心思打扮自己，慢慢改善自己的生活态度，保持自己的求知欲，跟上新科技新技能的潮流，通过阅读与运动来丰富自己的内在。要相信，你所向往的优雅从容终将如期而至。男神女神所拥有的一切，你也终将得到。

慢慢来，请别急。生活终将为你备好所有的答案。

没有谁的成长是容易的

文·谢可慧

两年前，我和好友S去参加一个电影发布会。坐在观众席前排的时候，台上有一个姑娘一直盯着S笑。

她只是一个配角，就是那种长长的名单里要滚动很久才会有名字的配角。全程，她和所有配角一样也没有什么说话的机会，主持人介绍到他们的时候，几乎是还没等观众的掌声响起落下就结束了。在横成一排的演职人员里，她站在最角落的位置，是最不起眼的人。

她对S笑的时候，S说，自己也并没有在意那么多，以为这是演员的职业性，站在台上就自成表演地微笑，从开始到谢幕。发布会结束，那些成了明星的演员早已被记者团团围住，不留缝隙地把其他人挤下了台。而她与其他人一起笑着走下台。她在走到门口的时候拦住了S："你好，还记得我吗？"

S近距离地看她，才认出她。粉妆之下，我也记起了那一年她的容貌，好像比现在要清澈一些，也朴素一些。

七八年前，我和 S 去剧组玩，当时在拍一部电影，名字我不记得了，至少最后没有在我的城市上映。那一天正好召开见面会，台上的主角、配角站成一排，所有的演员享受着镁光灯，所有的影迷也享受着这一场近距离的面对面。台上许多人，其实是叫不出名字的，但你也知道有一种假性的疯狂叫作与明星拍照，而记者所有的镜头都对向了舞台。

那一年的她还是个二十岁左右的姑娘，她安静地坐在台下，周围围着一群摄像大叔，熙熙攘攘，把她埋了进去。可她一直对着台上笑，其实，根本没有人注意到她。在每一个主角或是配角名字出现的时候，她都礼节地拍手。你知道什么叫不卑不亢吗？就是当你发现所有人都不在意你的时候，你依然用自己想象中最美的样子回应。

S 说："我要和她拍照。"S 举起相机扔向我。她当时很意外，往旁边一挪，给 S 腾出半张椅子，她们使劲儿地凑在一起，我记得当时她是挽着 S 的，或许在许多人眼中，她们都只是路人而已。

在大厅之外，她们跳着抱在一起。听着她们寒暄，我得知她每年要辗转十多部影片，前些年拿着并不高的收入，住最简陋的房间，有时累到洗衣服的时候睡在洗手间里。有时为了捕捉一个镜头，不得不整宿不睡。最长的纪录是五天只睡了十二小时。她说：有时也会觉得很累很辛苦，不过，所有的工作都不可能有一蹴而就的成功，大多数人的成功都是需要一天天慢慢努力，慢慢熬的。

S后来与她留下了联系方式，S说："她现在慢慢有了更多的机会，名字出现的机会也比从前多，我一点都不意外。我时常看到她在凌晨两三点更新朋友圈，看到她不停地辗转在不同的城市，觉得那么努力的她，配得上现在的一切。"其实，我永远记得她坐在台下为别人鼓掌的样子，也记得她站在台上笑得灿烂的样子，这一步之遥，她走得足够努力，才跨过去的。

其实，人生多少如一场剧，所有高潮迭起之后，好像比从前有更完美的故事可以继续。而我们每个人的生长轨迹都是不同的，无论放在哪一种环境，你都会发现，自己在成长的路上，从来没有那么笑意盈盈过，而那些曾经让你委屈和心酸的事，最后都变成了华丽转身的序幕。

我很喜欢的一部剧里面有一个姑娘P，刚进单位的时候，在别人眼里，几乎是青涩而无用的，然而她很快从一个初出茅庐的小丫头成长为初级文案师，后来又有了自己的独立办公室，有了自己的秘书。你可以认为她的成功具有偶然性，比如因为P正好要减肥,所以试用了要推出的减肥产品,而使其重新定位;又比如后来她的上司因为生病,由P临时扛下任务,P出色地给予了创意,也因此又获得了一次升职的机会。

但你也可以看到,这个姑娘的成长史,似乎也没有时间给予她的一切看起来那么容易。她入职的时候,在陌生的环境里,没有人给予最初始的温暖,取而代之的是,所有人都在看她的笑话——这个可有可无的新人,这个一无是处的新人。工作中也有致命的打击,当所有的一切一股脑儿扑面而来,她就像一个迷路的孩子,前路漫漫,视野不明,于是,不得不靠着自己尚存的对工作的念想,一边爬一边走,直到慢慢看到亮光。总觉得P身上有着一种最淳朴的狠劲儿,而这股子狠是一种不妥协于周遭带来的一切,心甘情愿地与它们慢慢走下去的决心。

前些日子,我的好友群一直在讨论一个问题,碰上自己不喜欢的工作,又遇到自己不喜欢的人怎么办?那阵子,无非是其中的一个姑娘遇上了人生的瓶颈——与一个同事有了矛盾,于是在有限的空间里成了形同陌路的人。这自然是最尴尬的,所有的低头不见抬头见,是躲也躲不过去的。这也直接导致她开始厌恶当下的工作。

当时,我想到的是工作的第一年,一个老领导与我说的话,他的大意是：七平八稳的样子，是不可能成长的，你永远要记得，只有走过足够多的路，见过足够多的人，做过足够多的事，才会真正长大。

后来，我慢慢感觉到，成长从来不是一件容易的事。

我那个时候在农村工作，印象最深刻的两件事：第一件事是在一个下雪天与单位同事去田间做测量，我蹬着高跟鞋，翻不过大片大片的土丘。那时雪一直下，我又翻不过，于是不得不扔下伞，爬过去。那一天，是我人生中最脏乱的一天，而那双湿了的袜子一直凉到我的心里。从那件事之后，每一次下基层我都没有再穿过高跟鞋。

第二件事是我刚工作的时候，因为一个表格的数据错误，不得不来回开车跑二十多公里路，重新敲一个印章。但我记得那一天，领导面对我失望的表情，因为这是一件最简单的工作，可我却错得离谱，用他的话说：感觉不如一个初中生。当时，我一个人在车里大哭，年轻的时候，对许多事会敏感，比如对他人的评价，比如战战兢兢地面对新的工作，生怕出错却真的出错了。可又没办法，于是一边哭，一边回单位改资料。而从那以后，我保持着一个习惯，就是每一次都反复校对，在有限的能力内保证正确。

我时常觉得，许多时候，生活就是一场跋山涉水的旅行，你慢慢地，就会遇到许多从未遇见的人，碰到从未遇到的事，你手足无措，甚至捶胸顿足，可你知道，是一定要走过去的。待走过这一段，你也会慢慢开始摸索出一条条道路，而这些路只是属于你自己的，是别人走也走不了，学也学不了的路。

当你年轻时，以为什么都有答案；可是老了的时候，你可能又觉得其实人生从来没有所谓的标准答案。没有谁的成长是容易的，人生所有的答案其实都在路上。

而你在多年之后，再回忆过去的自己，才会知道，如今的你就是过去的一场蜕变，而这一切真的是好不容易。

你啊，
不要等到碰壁了才想起努力

文·愈姑娘

上个星期看了很多招聘信息，参加了很多场面试。其实找工作跟谈恋爱是差不多的，你看得上的公司未必看得上你，而公司看得上你，你未必看得上它。所以，很多时候还是需要一点缘分和契机才能"两情相悦"。

找工作的流程大都相似，网上投简历，如果符合条件，HR会邀约面试；或者你把简历挂网上，也能得到一些面试机会。我没有海投简历，与自己的能力基本吻合的才投。

有些公司条件福利待遇各种好，工作内容也是我喜欢的，满怀希望地投了，但是石沉大海了，因为我不符合它的某些要求。印象最深的是一个公司其他要求我都符合，唯一一点不符合的是英语水平没有八级。

突然想起之前一个"大牛"跟我说的，英语不能弱，英语好可以增加很多机会。当时我不以为然，如今失去机会才意识到问题的严重性。

自从开始有了英语这个科目后,我的软肋又多了一根,整个学习生涯,英语都拖着我的后腿死不放手。可是,越是拖你后腿的科目,你越不想学;越好的科目,你反而更有动力。于是这么多年,我认了英语不好这条命。下过无数次重拾英语的决心,但每次都半途而废,买的很多学习资料都在墙角落满了灰。

有时候也会想,如果我英语好一些,人生是不是会有些不同,我是不是可以看到更多的风景,我是不是可以得到更多的机会。可是没有如果,后悔也没有用,唯一的解决方法是立刻、现在、马上去学,不要让将来再错失更多机会。

因此,有些东西不要等到碰壁了才想起努力。人生要走的弯路一条也不会少,人生要学的东西同样一个都不能少。有些东西你现在不学,将来势必吃亏。

人要有忧患意识,过好当下很重要,但只图眼前的安逸和顺利是万万不可取的。

大学时,身边很多人的生活是三点一线,教室、食堂、宿舍。没课的日子,不是在刷剧玩游戏当中度过,就是去外面吃喝玩乐潇洒自在。甚至有些人连课都不去上,逃课成瘾,在"反正大学

这个世界很功利,
但是它承认你的努力。

学的东西,以后工作也用不上"的声音中更加心安理得。

四年的时光,转瞬即逝。当要找工作时,才发现简历上空空如也,没有一技之长,也没有丝毫的过人之处,甚至连一些基本的软件都用不溜。然后迷茫着、彷徨着,也有心仪的公司,面试却屡次碰壁。

这才幡然醒悟,原来毕业了真的会失业,原来生活如此艰难。心里一万个后悔,为什么大学不好好学专业课,为什么没好好打磨自己的兴趣,为什么没好好学英语……可是,这又有什么用呢?

世上要是有后悔药,你该吃一打了吧。人生没有重来,你种下什么样的因,就会结什么样的果。人生是个大课堂,很多东西你现在不去学,待你蹚过很多坑,你迟早都得学会。

很多人问我,读大学到底有没有意义?意义这个词,是人赋予的,我相信每个人对它的解读都不一样。

如果你好好利用这四年,不断学习,不断提升自己的能力,大学于你的意义就是更好的自己,更好的未来。如果你把这四年的时光都花费在无用的事情上,到头来依旧两手空空,大学于你或许就真的没有意义了。

所以,为什么说大学毕业是个分水岭,刷掉了一批跟不上节奏的人，留下来一批越来越强大的人。作为一个过来人，尤其最近找工作，对这点的体会越发深刻。大三暑假找实习时，有自己想做的工作，但是苦于在大学里并没有往相关方面积累技能，面试了很多公司都被刷下来。时隔一年，这次找工作就顺利得多，投的简历几乎都收到回复，邀约面试的电话络绎不绝，得到了很多机会。所以当你有一定成绩时，不管是你找机会还是机会找你，都容易得多，关键看你如何选择。

这个世界很功利，但是它承认你的努力。

坚持还是放弃，选择现在苦，还是将来苦，全在于你自己。不要等到失去了才懂得珍惜，不要等到碰壁了才想起努力。

你若顽强到底，
一切皆有可能

文·赵兵

上班坐地铁，刚踏上电梯，忽然看见旁边楼梯上有一位手拄拐杖的残疾人，正蹒跚着拾级而上，而这时电梯并不拥挤。站在电梯上经过他身边，我忍不住回望，那是一张青年人的面庞，顿时我脑海中浮现出两个字：顽强！

上了电梯继续前行，旁边的墙壁上挂着一幅广告：几个年轻人埋头于堆成山的文件中，旁边一个年轻人手握酒杯，仰在椅子上，似在度假，广告语是"与其做梦，不如现在行动"。这让人联想到，这个年轻人若肯努力拼搏，那梦到的就是未来成功的自己，否则就只是做梦。

一个残疾人，一幅广告，看似是没有关联的两个事物，在此情景下却让我悟出一个道理：你若顽强到底，一切皆有可能！

面对艰难困苦，如果你选择顽强，那便是选择了"可能"，而"可能"就意味着"改变"。有人说，人生在世，不如意十之八九，要学会忍受。其实，人生本来并没有那么多的不如意要你来忍受。如果你顽强地强身健体，可能就不必忍受病痛的折磨；如果你顽强地学习，可能就不必忍受名落孙山的失落；如果你顽强地拼搏，可能就不必忍受碌碌无为的无奈……

然而，假如你选择妥协放弃，那一切皆是空话。近日，一名十九岁的少年因受挫折，便微博直播结束自己的生命，令人惊叹不已：一朵本该顽强绽放的生命之花怎能被生活如此轻易击败？

还记得普希金著名的诗吗："假如生活欺骗了你，不要悲伤，不要心急！阴郁的日子需要镇静；相信吧，快乐的日子将会来临。"两百年前的诗句，今日读来依然令人心情平静而又昂扬向上。因为面对不幸，人们总会有两种选择：妥协或顽强。而人们向往的总是后者，能给予人们力量以改变命运的也是后者。

青年人对于自己的不幸，总能找到抱怨的理由：没有优越的家庭，没有美丽的面容，没有过硬的关系。其实，你也总该找到不抱怨的理由：你有温暖的家，善良的笑容，健康的体魄，青春的活力……这些不都足以让你以一种顽强的态度去奋斗吗？

"人们经常埋怨什么也做不来，但如果我们只记挂着想拥有或欠缺的东西，而不去珍惜所拥有的，那根本改变不了问题！真正改变命运的,并不是我们的机遇,而是我们的态度。"这是著名的残疾人励志演讲家尼克·胡哲在其自传《人生不设限》中的话。每一个第一眼看到尼克的人都会为他的身体之残缺而震撼,亦为其精神之顽强而震撼。就是这样一个没有双臂和双腿的男人,顽强地面对上天对他的不公,创造出了生命的奇迹。

尼克的故事告诉我们:当你用一种顽强的态度来面对人生,那你的人生就不设限!

青年人,还有什么理由不顽强到底呢?

你远没有自己想象中的那么努力

文·何德恺

大学同学跟我吐槽说:"明明我已经很努力了,可是结果出来的时候,还是没能考上我梦想中的学校。"

其实看起来,他真的很努力,每天早上当我们还在睡梦中的时候,他就已经起床去自习室了;每天晚上我们准备熄灯睡觉了,他才拖着疲惫的身体回来;每个周末我们和朋友们通宵达旦玩耍的时候,他还在自习室里和那些艰涩难懂的公式打交道。我想,就是高考,也不过如此努力吧。

这么尽心竭力地去做一件事,可还是以失败告终,听起来真叫人遗憾。

可是我很多次发现,只要班群里一有什么消息,他肯定会马上回应,接着有一茬没一茬地往下聊;好几次我去图书馆看书,都会看到他站在窗边吞云吐雾地刷着手机;甚至偶尔我翻看他的学习资料时,却发现都是大片大片的空白。

我在想,仅仅因为长时间地泡图书馆,把一天到晚的时间耗在那张固定的桌子面前,伪装着自己多努力多拼命,就能让书本中的知识存储在自己的大脑之中,我也很乐意去做啊。

更何况,当别人说考公务员比较有出息的时候,他又放下自己准备好久的考研资料去看《申论》;当知道公务员的竞争比考研要激烈的时候,又转战回了考研大军中;一开始决定要考A校的专业,突然又听人说B校的专业很不错,转而又信誓旦旦地要考B校……在如此循环往复的纠结和变换当中,时间已经过去了一大半。

毕业的时候,我们都拿到了不同单位的offer,而他因为考研失败,工作还未曾有着落。

他说:"我这么努力,连自己都被自己感动了,可是到头来,却是什么都没得到。"

我说:"那你就再尝试着努力一把,先专注找工作。实在不行,就安安心心地再考一年。"

很多时候,人们都会花大量的时间,看似专注于一件事情,时间多得连自己都相信自己一直在为了这个目标而努力奋斗。其实很多人是因为抵御自己内心的不安和极大的空虚感,或者是因为随大流跟着去完成,才迫不得已倾注了大量的时间。其实在这个时间段里，是否所有的精力都倾注于此，自己也模棱两可。但是只要自己是坐在那里的，看起来是在为这个目标而踽踽独行的，心中就得到了极大的安慰，麻醉自己，也宣告他人："其实我是在为了这件事而倾尽全力的，你看我花费在这上面的时间就知道了。"

大三的时候，因为前两年的碌碌为无和虚度光阴，我也曾一度感到恐慌。觉得原本应该大学里做些什么事的，可是现在大学已经过完大半了，除了玩和享受生活之外，仿佛根本就没学到什么，这让我沮丧和惴惴不安。

于是在接下来的日子里，我给自己列了一个清单，多达几十项目标。我想，如果在接下来的日子里，我能够把这些事情做完做好，也不枉费了这美好的大学四年。然后我就脚踏实地地去实行了，找兼职，做家教，买了一大堆书，给自己限定了多久要写完多少字的日期，努力找出时间去和老朋友联系，开始看实用的演讲，努力学习专业知识和英语，买了一大堆与自己专业有关的无关的考证资料，甚至跟同学合伙开店做生意……

我看会儿书，写会儿东西，在网上发布一下兼职信息，然后再看一下考证资料，再做一下英语试卷……时常没有规划地做着

> 真正的努力并不是毫无目的、好大喜功的，
> 它必须有一个主要目标。

这些事情，感觉自己一天到晚精疲力竭。热血沸腾地去做每件强加给自己的事，一切看起来那么如火如荼。我想，如此我还不算努力，真的全世界的大学生就没几个是努力的了。

可是那些书到现在有些可能还扔在某个角落里落满灰尘，而我可能都不会去翻看了；限定要写完的字，才写了一半就搁置了；那些联系了一阵子的老朋友，还是在后面日渐淡漠中逐渐疏远了；那些励志的、实用的演讲，看完几集就再也没看过了；专业知识还是中等水平，不上不下；英语也是勉勉强强说出来不算羞赧，但也并不足引以为傲；那些所谓的证书除了几个专业必备或者简单的，其他的就再也没拿下了；开的店面要么是合伙失败，要么是关门倒闭了……

其实这些不是我不努力的空谈，我也很努力地在做啊，我也倾注了很多时间和心血在做啊，我也坚持了至少一年半载啊，但是这些目标最终被搁浅了。

真正的努力并不是毫无目的、好大喜功的，它必须有一个主要目标，在主要目标之下还需有次要目标。所有努力的着力点其实是在那个主要目标上。如果那时候的我，专注于看书写字，或许到现在已经至少手握上百万字了，看完上百本书了，也有可能

早就出版了自己的第一本书甚至第二第三本；如果那时候专注于考证，虽然不一定能拿下注册会计师，但是至少能过几门简单一点的课程；如果那时候把全部心血放在开店上，就不会有内部不团结而导致合伙失败了……

在那段时间里，虽然我看起来忙碌不堪，但是每每晚上躺在床上的时候，我竟不知道自己都忙了些什么，到底于自己何益。我甚至越忙越觉得心里空虚，越觉得坚持的这一切好像偏离了自己原本的方向。可是第二天起床的时候，又重复着前一天的事情。我觉得，只要自己在忙碌着，就意味着自己是在为了未来而努力着。

往往，我们在潜意识里给自己一个很努力的假象，告诉自己："其实我很努力了，即使将来失败，也怨不得自己，只怪天意如此、造化弄人。"可是我们真如想象中的那么努力吗，真的不是为了给自己、给外界的眼光找个安慰而刻意营造一个忙碌的假象吗？

直到经历了那些失败，经历了之后生活中所受的挫折，我才后知后觉。真正的努力是脚踏实地一步一步去实现目标，并且需要不完成这个目标绝不妥协的坚持和笃定。它可能并不忙碌，但是绝对安稳踏实，绝对坚持不懈，并且绝不浮夸。

年轻人，
优秀才是你的发言权

文·杨熹文

那是我背井离乡的第一年，家乡已经把夏天过腻了，我却一个人在南半球强撑着活过一个寒冬。

我在一个小小的咖啡馆里端盘子，全靠这份工作为下个学期的学费攒资本，经常熬夜写作业的虚弱睡眠和高强度的工作让我的体力、脑力都有些吃不消。有一次为客人点餐时，我在点单那张纸上把"炒蛋"错写成"煎蛋"，结果把食物端出去时就遭到顾客投诉。一直在背后紧盯我的老板娘瞬间暴跳如雷，这让我整个下午耳边都充斥着反复的责备："你怎么这么不小心呢？！害我损失客人，你知道这得少赚多少钱吗？你拿什么赔给我？！"

她的声音是如此尖利，不带丝毫仁慈，我不住地道歉，心里却抗议着："我已经和客人道过歉了啊！""我每天不是都早来十分钟吗？""我的手因为去厨房帮忙还被切伤一道呢！"可这些委屈就被理智紧紧地卡在喉咙里，任何不经思考就脱口而出的话都能让我马上失去这份工作。她给了我一个"赶快走开"的手势,于是我钻进厨房里,背对着她,装作去水池里洗碗,眼泪吧嗒吧嗒掉进满是泡沫的污水里。我那因为工作在右手小指切下的刀伤还没来得及痊愈,隐隐的痛让我觉得,全世界都在以最恶劣的方式欺负着我。

那一年我就这样被大大小小的歧视重压着,每走两步就会遇见谁的"瞧不起"。我从不后悔自己一个人出来闯荡的选择,可我憎恶冷冰冰的陌生人。咖啡馆老板娘每一刻都能被触动的暴躁神经,自大的客人一副目中无人的模样;某个科目的老师说出"你期末成绩得 B 就不错"的预期;一起租房的男孩子看不惯我很晚才回家,一副"没有钱就回国啊"的傲慢态度;就连那个快餐店的十七岁服务生都是皱着眉头递给我可乐,好像我磕磕绊绊的英文不配在这里寻一处落脚地。我像一只被巨浪推上岸的鱼,身后是在海里自由穿梭的同类,可命运却偏偏把我丢在沙滩上搁浅,这是一片多么灿烂的海岸啊,远处就有此生未遇的美妙风景,可我却大张着嘴巴,虚弱得发不出半点声音。

我没能总结出什么可以安慰自己的道理,自从远离家乡就懂得,再艰难也要保持坚强,因为没有人会帮你擦眼泪。我是个一无所有的姑娘，穷得只剩下自尊心，那些敏感的情绪无时无刻不在身体里发作。我多少次在心底暗暗发誓，有一天，我要用优秀于现在百倍的姿态，重新站在那些"瞧不起"我的人面前，向所有人证明，我不是应该被瞧不起的那个人。

这样的心态，说来有点不健康，但是却让我在很长的一段日子里充满了斗志。不管谁觉得"你从来不优秀"，或者"你以后也不会优秀下去"，我都将其当成人生的刺激疗法。那几年我有多么拼命啊，连朋友都觉得我努力到变态的程度，但是人生，必须有一个自己的活法。我拼命地读书，让那个说我"期末成绩得B就不错"的老师预测落了空；我拼命地赚钱，在富有男孩子的面前为自己那份饭埋单；我拼命地学习，练习驾车增强英文，证明给别人看一个女孩子独立起来也可以做那么多的事；我拼命地成长，不管是看书写字做运动，渐渐可以在那些觉得我此生注定平凡的人面前抬起胸膛走路……这些拼命，都让我成了一个优秀版本的自己，也让我从别人开始转变的目光中知道，优秀就能赢来尊重，优秀就能给自己一个发言权，这是我深刻体悟到的人生道理。

如果你同我一样平凡却甘愿乘风奋斗，我相信你的人生也遇见过这样的时刻,明明怀着一颗善良的心拼命努力着,却无时无刻不在被忽视。你在内心深处十分需要被认同,却偏偏遇见了嘲讽;你渴望被重视,却偏偏遭到了白眼;你期望凭借自己的才能可以去改变一些什么,却偏偏有人告诉你"你不会成为任何人"。若你正在经历这些坎坷,那只有一个原因,说起来残酷也真实,"你只是不够优秀而已"。别去相信美丽可以拯救自己的全部缺点,也别去指责这世界残忍的一面,很抱歉,现实里不会存在永久的吸引或同情。

也许你会问我,怎样才算优秀呢?

我很难对这件事下一个确切的定义,但是看看身边令你心生佩服的人,不难得出结论,他们的优秀,源于自信、美丽、健康、有气质、有文化、有一技之长……这些优秀,或许有点先天的关联,但什么都敌不过后天的努力,没有人可以天生完美,但努力,能够让我们越来越优秀。

我是"脚踏实地过日子"的忠实拥护者,不是命运的投机主义者,深信趁着年轻时,多一点努力,就多一点收获,这世上再没有比这更划算的投资。你坚持运动保持身材,就不用因为穿不进S码的衣服被人嘲笑;你会开车,就不用在下雨天麻烦别人送你回家；你会赚钱，就不用暗示男朋友给你买那个新款的手链；你工作出色，就不用冒着失业的风险被老板支来喝去……无论什么时候，优秀都是一个人的发言权，不管在哪里，能让你发声的机会，都潜伏在你的才能里。

你不是怀才不遇，
你是怀才不够

文·查建树

毕业一年半，工作了的同学没有换工作的极少，大多数已经换了好几份。而没换的那位同学，在前两天看到我裸辞时，就忍不住开始向我诉苦。

这一年半来，无休止的加班、冷漠的同事和领导，把她折磨得都快抑郁了。有一段时间，她因为压力太大耳鸣，感觉有股力量压在胸口，无法痛快地呼吸，甚至感觉压得吃饭都吃不下去。

她想要辞职，但是一方面家里不同意，另一方面自己也没考虑好接下来做什么，或者说没有好的下家。她还是选择继续忍受这份没有快乐可言的工作。之前那个乐观活泼的姑娘完全不见，取而代之的是这个痛苦压抑的"患者"，让人心疼。

另一个姑娘是全国二十强大学毕业，第一份工作是在某银行做客服，她干得很开心，但是工资很低，完全养活不了自己，父母也一直想要她离家近些。最终，她无奈地回家考试进入了事业单位，一个很不错的单位。

但是，昨天吃饭时，这位姑娘却因为工作和父母吵了起来，当时我也在场。她说，这份工作太压抑，干着不开心，原因很简单：首先，她觉得自己没有晋升机会；其次，在单位一天都不敢大声说话，长时间处于压抑的状态，感觉自己再这么下去可能要爆发；还有，因为刚去公司，不知道分内分外，做得多，犯错也多，上司总是来挑刺，郁闷便可想而知。

我建议第一个姑娘辞职，因为我害怕继续下去她整个人真的抑郁了。一年半的工作，将一个原本快乐的小姑娘变成了闷闷不乐的抑郁症患者，这样的工作坚决不能做！不需要太担心找不到更好的，你忘了任何事情在做出选择的时候都有两种可能，为什么接下来就一定会很差呢？令你不开心的，正是一种软暴力，它的威力远远高于皮肉之痛。生命那么长，你要继续走下去，就要选择一条自己喜欢的路，前怕狼后怕虎的人生注定不会有太大的惊喜。

而第二个姑娘，可能更多的是自己的问题，单位气氛虽差，但是还能忍受。才工作了半年，怎么就好乱下结论说自己没有晋升机会呢？关于工作多，相信大多数新人都受过这样的"委屈"，我刚参加工作时,不也是端茶倒水、打印复印,干一些完全不用带着脑袋的活?

人生总有那么一段时光,你要忍受一些不能接受的事,去做你不喜欢的事,而结果往往却有意外的惊喜。太急功近利,可能在哪儿都不会有好收获,立竿见影的结果是要你的竿上升到一定高度才能出现的,而你现在还在水平面就想要见到影子,着急了些。

你不用担心上司看不到你的业绩,哪怕是端茶倒水,时间久了总会注意到你。任何事情,都有一个过程,这个过程你不必心急,只做好眼下的事,你的能力会在不知不觉中突显。相信我,是金子总会发光,你还没发光,是因为你的纯度不够;怀才不会不遇,而是你怀才太少,时间太短。

一辈子很长,我们还不是要一直走下去?人生总要经历好的坏的,经历开心与痛苦,总会有那么一段时间过得痛苦隐忍,也总有那么些时光让你快乐得忘乎所以。所以,不管怎么样,我们还是要走下去,学着去理解、去包容那些痛苦,学着自我调节,学着理解身边的人,偶尔也能站在对方的立场看问题。

记得看过这样一句话:"我们曾如此渴望命运的波澜,到最后才发现,人生最曼妙的风景,竟是内心的淡定与从容……我们曾如此期盼外界的认可,到最后才知道,世界是自己的,与他人毫无关系。"这句话送给开心与不开心的我们,学会去平和地跟周围的人相处,也学会真正地爱自己。

在应该磨刀的时候不要着急去砍柴,这会伤了刀、伤了手;在应该努力的道路上,就不要急着看到结果。时间还漫长,你要用心,理智地去寻找一条适合自己的路,可能这条路开始时会充满艰辛,但最美的花总是开在最恶劣的环境中。

请相信,淡定平和的内心与奋斗不息的精神,一定会让你灿烂绽放!

努力很难，
但是不努力真的很舒服吗

文·愈姑娘

大卷，一个师范妹子，头发自然卷。毕业后，找了一份与专业相关的工作，在教育机构当数学老师。教初三的毕业班总是压力特别大，大卷常常加班、熬夜备课。

现在学生的课本更新换代太快，有些知识她不得不重新学习。在那儿工作了一个月，大卷再也撑不住了，太累了。正好这时候，家人让她去考公立学校的老师。于是，打着复习的旗号，大卷头也不回地辞职了。这一离职就是半年，没有工作的日子，在家更容易颓废。书还没看几页，试卷还没做几张，转眼就到了考试时间，结果，大卷考得是一塌糊涂。

公立学校每年的招聘都有名额限制，且竞争非常激烈。大卷深知这一点，于是果断放弃了。后来，她又考公务员，考事业单位，家里相关的书籍一大堆，可都在墙角落满了灰。

就这样兜兜转转，一年过去了，大卷还是一无所获。别人在

> 努力更大的意义不在于拥有多少财富名利,而在于给人生多一些可能,多一些选择的机会。

职场上摸爬滚打一年,加薪升职大有人在。家人看大卷的工作依然没有着落,于是托关系让她进了一家事业单位,编外的,工资两千多。

工作很轻松,每天朝九晚五,但是生活很拮据。大卷似乎从来没有想过改变这个现状,周末,她都窝在家里刷各种电视剧。

就这样,又过去了一年,大卷要和相恋五年的男友结婚了。男友是程序员,薪资不高也不低,没有多少存款,大卷的银行卡更是空空如也。

很窘迫,他们只能四处借钱,欠了一屁股债。如今,大卷已经怀孕,可是两人依然蜗居在十几平方米的小房子里。我不敢想象,等孩子出生,他们的日子怎么过。

有句毒鸡汤说,努力很难,但是不努力真的很舒服。我只想说,努力很难,不努力更难。所有的舒服都是要付出代价的,人生的道路通向何处,很多时候都取决于个人的选择。

在该奋斗的年龄你可以选择安逸,短时间内也许看不出什么不好,但一年后、五年后、十年后呢?知识没有增长,技能没有提升,只有脸上胶原蛋白的流失提醒你时间的流逝。

二十几岁,最美好的年龄,玩手机、看电视、逛淘宝,做着五十岁的人都能做的事情，青春的意义何在？当然，每个人都有选择怎么度过一生的权利，前提是你要承担得起相应的代价。

有时我觉得毕业是一道分水岭，刷掉了一批不努力的人，留下了一批越来越牛的人。我见过很多人，毕业两年了，依然做着杂七杂八的工作，拿着很低的月薪，然后苦哈哈地抱怨自己是个"月光族"。

可抱怨有什么用呢，你选择了安逸，这就是你要付出的代价。

人都有自怜情绪，很多时候，背几个单词，看几页书，晒个朋友圈就认为自己很努力了，到头来不过是自己感动了自己。

努力从来都不是为了给别人看的，真正努力的人都是默默扎根的。没有人知道他经历了多少迷茫彷徨，没有人知道他熬了多少个夜，没有人知道他为了目标付出了多少。

这世界上哪有什么一鸣惊人、一飞冲天，不过是比别人多坚持了一些，多努力了一些。你想要世界承认你的努力，你必须做出点成绩来。

我认为，努力更大的意义不在于拥有多少财富名利，而在于给人生多一些可能，多一些选择的机会。努力可以争取到更多相对的公平和自由，不是你想做什么就可以做什么，而是你不想做什么就可以不做什么。不要怕努力了没有结果,你在路上看到的风景,不努力的人连看的机会都没有。

有些人总说,自己只是想顺其自然。我说,别再给自己的不努力找借口了。

有人说,我们总是喜欢拿"顺其自然"来敷衍人生道路上的荆棘坎坷,却很少承认,真正的顺其自然,其实是竭尽所能之后的不强求,而非两手一摊的不作为。

努力很难,但是不努力未必很舒服。你可以选择三十岁以前悠闲地生活,那就要接受三十岁以后的疲惫不堪。有些东西迟早会来,只是时间早晚而已。

生活,永远是最公平的大学。

真正让人变好的选择，
都不会太舒服

文 · 米格格

1

樱桃是我在健身房里认识的朋友，她每天的运动计划基本相同，先缓慢进行半小时的无氧训练，再做 40 分钟的慢跑或快走，然后洗个澡，上一堂舒缓的瑜伽课。

我刚办健身卡时，经常和樱桃搭伴。她那会儿差不多有一百四十斤，我们搭伴的那个月，我俩都瘦下来八九斤的样子，还是挺成功的。后来，我因为工作忙，就把锻炼的时间缩短了，逐渐把频率也降低了，再到后来就干脆一周才去一次。

大概是三个月后，我再见到樱桃，她的体重已经到了一百一十五斤，惊艳了我的眼。我在瑜伽房里跟她聊天，询问近况和减肥的心得。她一边做深蹲，一边调整呼吸和我讲话，说你试试这个动作，可管用了，我现在每天都做五十个。

嗬，这一试不要紧，我感觉太累了，索性就放弃了，继续坐在瑜伽球上跟她闲聊。

完成任务后，樱桃擦了擦汗，说："其实，减肥就那些方法，没什么新鲜的，大家几乎都知道，但就是过程太难熬，没人愿意给自己找不舒服。"

是啊，减肥靠的是毅力和坚持，之所以难，就是因为过程里包含着痛苦，一直在跟自己的舒适区作对。很多人抗拒这样的雕琢，自然也无法得到想要的结果。工作和生活也是这样，没有谁可以通过不努力，就轻而易举地获得某种成就。

2

经常会有朋友问我，怎么样才能写出好的作品？我只是说，坚持每天写。他告诉我，不知道该写什么。我说，你就把看到的、想到的、感受到的罗列出来，想一想生活中与之类似的情况，能够引申出什么。然后，用你的话把它们描述出来。平时，多读一些书和其他作者的文章，感受一些全新的思路，对写作都有好处。

当我辛辛苦苦把这些字敲打出来后，屏幕那边回应给我的，却是这样的话:"我没那么多时间啊!对我来说太难了!下班后就不想动弹了!"然后,我就不再说话了。

亲爱的,写作对谁来说都不是一件容易的事,哪怕是写出阅读量超过10万的作者,构思一篇文章也是需要花费时间和精力的。要锤炼出文笔和逻辑,也需要经过大量的练习,绝非一日之功。我们总是羡慕别人身上的风光无限,并试图向对方取经,可就算对方全盘托出,也未必所有人都能抵达那样的高度。天赋能力是一回事,能否耐得住寂寞、扛得住压力、咽得下苦头,又是另一回事。

明明知道努力可以做成一件事,为什么不去努力呢?

因为,努力的过程太辛苦了,要克服阻力,远离舒适区!

跑步和控制饮食能减肥,可是要忍住美食的诱惑,迈开沉重的步伐,汗流浃背,就放弃了;学英语要背单词、练听力、说口语,养成每天不间断的学习习惯,在日复一日中积累,很是辛苦,也放弃了;写作要多看、多读、多思考,笔不辍耕,费脑耗时,又放弃了。

你什么都没做,就不要去羡慕人家曼妙的身材,口吐弹珠的流利英文,和六七位数阅读量的文章。没有吃人家的那份苦,就没资格去尝那个甜头。

3

"女神"级人物晓柯,样貌出众,才华横溢,在美国读完硕士后,就留在那边工作。微博里经常会有她的动态,充满了新奇和趣味,若是一段时间没留意,我总是会大吃一惊。有些不太熟悉的朋友,时常会留下一点客套的祝福;关系一般的,说说自己的佩服之情;关系熟稔的,都半调侃似的说"羡慕嫉妒恨"。

对这些外界的钦慕眼光,晓柯好像看得很淡。用她的话说,他们都只看到了萤火虫的光芒,却没看见它背后扇动的翅膀;他们只看见我在美国享受"烧烤大会",却没窥见我埋头在自习室里苦哈哈的样子。

我们得承认,世上有一些人天生优渥,可以坐享其成,但绝大多数平凡者,都不是那个幸运的宠儿,想要拥有必须先付出。

记得晓柯在出国前,每天抱着枯燥的单词书看,熬了多少个通宵自己都不记得了。那些日子,真是难熬!一是心理上的压力,二是身体上的劳累,一个人在自习室啃单词,孤单得像一个被抛弃的布偶。可正是那段日子，磨炼了晓柯的意志。那天她还说，恐怕此生都少有那样的时刻了，现在想起来很佩服那时的自己。

别总是羡慕他人的光芒，想想他们背后的努力；别总是畏惧黑暗的日子，你若在黑暗中自省、自励，你也可以穿透黑暗，绽放光芒。只不过，生命是慢慢积累的过程，很多事情，需要经历等待才能看到努力后的结果。其间的种种艰辛、泪水、汗水，旁人不会知道，也未必会理解，个中滋味只有自己才懂。

不要责备命运赐予你的太少，生活对你过于吝啬，每个人都有挣扎与努力，都有困惑与宿命。总有人比你强，比你弱，比你幸运，比你不幸，这就叫生活。若想成为理想中的你，那就狠狠心，别让自己过得太"舒服"了。

催我们变优秀的，
是跨在背上的自己

文·米格格

我的朋友中，有一个精明的忘年交，外号叫"老虎"。

不得不说，老虎做生意很有一套，那敏锐的嗅觉和洞察力，让他在风云变幻的市场中，稳稳地站住了脚，当然也赚了不少钱。对于生意上的成功，他很少去炫耀。可对他的业余爱好，比如打乒乓球，他却是逢人都得显摆一番，说自己打得如何如何好。

有一回，我带小侄子到他家做客。我跟他讲，小侄子是乒乓球高手，打败过很多人，想不想较量一番？老虎原本只是抱着娱乐的心态，心想一个十岁的小孩子能有多厉害呢？估计还得让着点他，不然会打击孩子的自信心。我说："别轻敌哦，我侄子真的是高手。"

比赛开始了，老虎先是心不在焉，可发现小侄子很不简单后，他也变得认真起来，最后竟真的使出了浑身解数。结果，三局下来，老虎只胜了一局。老虎有点不敢相信：这么一个小孩，怎么能打得如此好？我告诉他，小侄子其实是"专业运动员"，学的就是乒乓球。

他开玩笑似的对小侄子说："以后，我拜你为师怎么样？"小侄子笑笑，说："我还得管你叫叔叔呢，你怎么能管我叫老师呢？"老虎说："老师可不分年龄、辈分，只要比自己有能力、有实力，就应该向他学习。"

此后，小侄子成了老虎家里的贵宾，他经常邀请孩子到他那里做客，带他去吃饭，然后一起切磋球艺。半年下来，老虎的球艺精进了不少。

后来，老虎又迷上了写作。别看他是个商人，其实骨子里还有些许的文艺气息。不管白天怎么忙，每天晚上他都会抽出时间读书，从不间断。休假的时候，他也拜访过一些有名气的作家，与他们交流心得。一个人天资聪慧，再配上勤奋好学，成就自然小不了。老虎结合自己的经历，用了半年多的时间，写了一本自传式的书，销量还不错。再后来，他也尝试着把自己的一些经商心得、管理心得撰写成书，作为企业的培训教材。

更让我吃惊的是，有一次我到他家里，无意间发现了一个木质的雕刻兔子。我问他，这是从哪儿买的？他特得意地告诉我，

> 人总要先承认自己与别人有差距的事实,才有勇气
> 去接纳强者,并学习他们的优秀之处。

是他自己做的。我当时忍不住冒出了一句:"还有什么是你不会的吗?"他买了各种各样的木头,还有雕刻工具,跟随一些艺人学雕刻,制作出来的东西虽算不得多么精致,但却不失趣味。我家里现在还保留着他赠送的一些杰作。

我实在惊叹他的才学能力,问他是怎么做到的?

老虎淡淡一笑,跟我说:"我一直觉着,一个人要想变得优秀、变得强大,就得向更强的人学习。就说打乒乓这件事,身边的人都比不过我,我自诩作为业余爱好者来说,水平已经很高了。没想到,后来竟成了一个十岁男孩的手下败将。我特感慨,原来这个世界上还有很多你不知道的高手隐匿在身边。跟他不断切磋的过程中,我的球技又提升了不少。关于写作和雕刻也是这样,靠近那些比自己强的人,就能学到更多。"

老虎的这番话,给了我很大的启迪。我也曾对很多事物产生过兴趣,可当我发现周围的人比我做得好时,我很泄气,觉得自己没有天赋,自信心开始减退,不能静下心来去琢磨技巧和方法。

我一直把那些半途而废的事归咎于天赋和环境,却从来没想过,其实是自己无法正视别人比自己强,不敢去跟强者站在一起,向他们发起挑战。有时,人只有先承认自己与别人有差距的事实,

才有勇气去接纳强者,并学习他们的优秀之处。

胜人者有力,自胜者强。也许,面对更强者,最后真正要超越的,其实是自己。恰如泰戈尔在他的《飞鸟集》中所说:"催逼着我们前进的,正是跨在背上的我们自己。"

愿你有愿赌服输的孤胆，也有重新开始的决断

文 · 安乔

芥末有个谈了两年的男朋友，可我们这帮小姐妹只偶然见过一回，被我们称为"神龙"。他们一个月也见不了几次，因为神龙总出差，二人只有周末才能相聚。

芥末的这段恋爱谈得特别不正常：他们俩年纪都不小了，两年里，神龙从没带芥末见过父母，也没有正式介绍过给朋友认识；本来两人见面就少，每每节假日提前约好去哪里玩，都常常被各种原因取消，如加班、出差、神龙父母临时有事；神龙在这段关系中从来不妥协，都是芥末讨好他，一如两个人出去吃饭、旅行、买东西，乃至约会时芥末穿什么衣服都要听神龙的安排……

种种奇葩的事儿听得我们咋舌，心里升起无数个疑问，最后化成一个巨大的问号：芥末究竟图什么呢？

芥末心里是清楚的。在这段关系里她不但没有底气，也没有多快乐。芥末本是一个暴脾气，跟谁说话都大嗓门，还有点自我

为中心,可一跟神龙打电话,就瞬间温顺得变成一只猫。据说神龙还是个毒舌,经常逮着芥末的各种缺点,不依不饶地损,以至于芥末现在都变得神经脆弱,常常自我怀疑……

芥末某次哭着说,她已经在神龙身上耽误了两年,一个三十多岁的女人,还有几个两年可以辜负呢?可是,继续下去,她也觉得他们最后未必会在一起,神龙就算再好,可能终究与她无关。她哭得悲凉,我们看得唏嘘。

她并非天真,也深知偶尔升腾起零星的希望,不过是内心里的自欺欺人与不甘心,遥不可及。

食之无味也不忍弃之,大抵是因为那个鸡肋已经是手边最好的选择。

可芥末没想明白:鸡肋之所以是鸡肋,它消耗的是未来,阻挡的是各种可能性。放不下舍不掉,把自己置于这段无望的感情中胶着,无异于亲手屏蔽掉重新开始、遇到对的人的机会。她以为自己不认输就还没有输,可实际上,她早已满盘皆输。

对学生族来说,最近的大事儿莫过于考研出复试分数线了。菠菜接到男朋友的电话,在楼梯间就抑制不住地失声痛哭起来。和她一起哭的还有那端的男朋友,今年已经是他第三次考研了。

他的考研分数比去年高了好多，二人都喜出望外，依照去年的国家复试分数线来判断，这个分数上复试没问题，还多出七八分呢。可谁知道，今年的复试分数线比去年高了十分。仅几分之差，前途未卜。

挂了男朋友的电话后，大高个儿的菠菜缩在楼梯间的角落里继续哭得跟个泪人儿似的，只看得让人心疼。我安抚她，她一边抽噎一边断断续续地说："他都考三年了，我真的好怕他承受不住。他就是想考那个老师的研，怎么就那么难呢。本来以为今年过复试没有问题的，谁知道……我真的怕他接受不了这个结果。"

我抱住她，安慰："不会的，菠菜，他是个男子汉，他将来是要承担一个家庭责任的男子汉，不会在考研这样的事上就承担不了。你不要难过，要比他更振作，安慰他、陪他度过这段难捱的日子。"

失败真的很难接受吗？并不是。但失败会让我们错误归因，"那件事我做不到，是因为我能力不行。"承认自己能力不行、不够好，是件无比沮丧的事情。可人们忘了，有的事情很难做到，是因为它本来就很难，不是你不行。甚至有时候，只是你运气不好。就好比你想要个晴天，老天爷偏给了个雨天。但现实生活中，拿"做不到的事情"为难自己的人，比比皆是，甚至有人雄心壮志地说"自己做的选择，就是跪着也要把它做完。"其实大可不必。

你尽你所能去做，它呈现的结果就是它本来的最好的结果。那个你竭尽所能去抵达的结果，以及这个过程带给你的蜕变和成长，就已经是最好的结局。

我们似乎无法接受：这世上总有那么一个人，不管你多么爱他，他就是不爱你；也总有一些事，不管你多么努力，拼死拼活，你始终无法抵达期望的结果，得到你想要的那一切。但很多时候，这就是事实。还请你别介意。

这世上有种真爱注定不是你的，但你去爱了，你会庆幸至少此生曾见过它美好的样子。那些付出没有得到回报，也值得，因为努力并没有白费，它们会让你更强大。

愿赌服输。承认自己就是得不到、赢不了，并不可怕。可怕的是，没有得到的，连自信心、勇气、希望也一同失去，从此消极度日，怀疑人生。

那些得不到的东西，我们固执地以为自己非要不可，当它们一而再再而三地消耗你刺痛你时，你是否会反思：曾经美好的初心，何时变成了一种偏执？

爱了就是爱了，不苛求回报；喜欢就去做，不奢望成功。愿你有愿赌服输的孤胆，也有重新开始的决断。

别让自己一直停留在"舒适区"

文·别吵我烦着呢

家里开的净水器店一直想招个女业务员,工作挺简单,大部分时间留在店里做下内勤,招待上门的客户,只有店里出去做大型活动时偶尔需要帮下忙。我们给出的底薪不算低,加上最低的业务提成,也比当地平均水平高一些,每天工作八小时,时间比较有弹性,相对自由。但是快一年了,一个都没招上。中间有几个女孩来试过一两天,很快就表示胜任不了。

一个在本地一家食品公司负责招聘的朋友告诉我,他们公司的车间工人工作时间长,每天三班倒,很多时候还要上夜班,工资也就是当地的平均水平,但是前来应聘的女生应接不暇,我百思不得其解。

朋友微微一笑:做你们这行业的需要学习一些专业的理论知识并且需要不断学习,每月有最低的销售任务,现在有些人宁愿选择工资低点、很机械的工作,也不愿做需要很多脑力和能力、不断去学习的工作。

我想了想,好像有那么点道理。

哪个工作是事少钱多离家近?几乎任何一个工作要想做出一点成绩,都需要付出一番努力。

你说老师们清闲,那是你没看到他们早读晚自习的辛苦;你说老板们有钱潇洒,你是没看到他们创业打拼时的压力;你说很多销售行业薪水高,你是没看到他们来回奔波的各种艰辛。

待在公司前台只能接个电话的姑娘,只能拿其相对应的薪水,如果想要突破,必须打破你所设定的"舒适区",找到目标,让自己为难,让自己没那么舒服,让自己坚持下去。

同学 L 和 M 读书时都是胖子,一米八几的个子,二百斤左右的体重,被誉为班里"左右两大护法"。临毕业时,看到 L 的新 QQ 签名:"打破舒适的状态,要么瘦,要么死。"大家为此还起哄,打赌他肯定像之前的无数次一样在减肥的道路上当一个"逃兵"。

毕业后的第三年,我们几个留在本省的同学有一个小聚会。那天因为堵车,我到聚会地点的时间有点晚,刚推门进去,好友格子将一个高高瘦瘦的帅哥推到我面前。我仔细端详一番,哇哦,是那个左护法 L,目测现在的他最多也就一百四十斤左右,以前圆圆的胖脸现在变得线条清晰,轮廓分明。

那天的 L 自带光环,俨然是聚会的核心人物。酒过三巡后,他说出了自己坚持减肥健身的动力。

打破舒适度是件很难的事。当初的 L 担心自己会半途而废,直接应聘去了健身房工作,做年卡推销员。他每天跟着那些健身教练一起练,拒绝数不清的美食诱惑,流了数不清的汗水,终于在两年后迎来了自己的完美逆袭。

但舒适区也就那么一回事,以前觉得离开那些琳琅满目的美食会死,结果依然活得很健康。以前信奉能坐着绝对不站着、能躺着绝对不坐着,结果现在依然过得很痛快。身体的适应能力远比自己想象的要强得多。

L 那天说的话我深有体会。健身是条不舒适的路,相比风雨无阻去健身房报到,待在家里随心所欲该吃吃该喝喝容易得多。但当舒适成为一种习惯,再打破习惯推倒重来会更加困难,不如试着不让身体处于"舒适"的状态,也许你会发现,离开舒适区没有你想象的那么难。

人类本身就是一种趋利避害的生物,经常听说"懒癌晚期"、"拖延症"等名词,说白了就是懒和拖延可以让我们身心愉悦,我们暂时不想打破目前的境况。就像一个衣食无忧的富家女突然被要求周末去勤工俭学，像一个天天窝在宿舍打游戏的宅男被要求不分昼夜地去学习考试，还像一个天天必须按时上下班的人被要求连轴加班很多天。

朋友 A 这么多年来最喜欢的一件事就是周末在家睡觉追剧，天王老子叫她也不出去。但是当她换了喜欢的记者工作后，周末不是在采访的路上就是在没日没夜写稿子，每次见她还总是一副打了鸡血的样子。我问她原因，她说走出固定的模式，战胜自己的感觉真的是精彩绝伦。她发现自己好像没有自己想的那么弱，能力那么差，长久舒适的生活让本该朝气蓬勃的她逐渐在"温水煮青蛙"式的生活方式里迷失了自己。

所以，你还准备待在你设定的"舒适区"里岿然不动吗？也许当你下决心走出"舒适区"，去做你早想做却迟迟没做的事情，未来的那个你会感谢今天的自己。

人生没有白走的路。如果还看不见梦想的目标，大不了再多走两步。

妈妈说过，
要往前走，
就得先忘掉过去。
我想，这就是跑的用意。

《阿甘正传》

世上没有漫不经心的成功,

每份漫不经心背后都是深思熟虑的用力。

拖延症还能有解吗

文·张璁

自从进入新闻行业,拖延症就日益严重起来。常常一篇稿子的任务来了,就暗下决心这次不能再拖稿,可事实上又非得挨到晚上夜深人静才肯坐下,结果没几分钟就大呼没灵感,然后借口找感觉一会儿给自己倒杯咖啡、一会儿刷刷手机、看看网页,要是忽有搞笑视频,在看得哈哈大笑之余还不忘转发给亲朋好友,等回过神来早已睡意来袭,只好满怀着"罪恶感"发誓明天一定写完。结果是日复一日,直到编辑逼上门来,方才草草了事。

其实,拖延症认真说起来不是病,而且自古就有,早就有打油诗自我调侃:"春来不是读书天,夏日炎炎正可眠。秋有蚊虫冬有雪,一心收束待明年。"说尽了"拖主"们的千姿百态。然而,拖延症却从来没像今天一样如此大面积地在年轻人中蔓延,程度有轻有重,但几乎无一幸免,似乎成了一个时代摆不脱的癔症。

形形色色的拖延症中,有些说破了就是懒,无须细述。但年轻人中还有两种典型"症状"令人不安:一种是在内心做与不做的纠结挣扎中累得筋疲力尽，动弹不得；还有一类是做起事来倒是风风火火、干净利落，可细究起来，做的却都是些次要的细枝末节，反而把最重要的事情一拖再拖。

那为什么明明知道应该去做什么，却选择逃避？随手翻翻市面上的解释，有的讲是因为长远收益总是不如即刻满足有诱惑力，有的则更玄乎，归咎于工业化社会里角色分工的僵化跟人的丰富性发生了冲突……总之，不知不觉中我们的期望被修正得越来越高，而我们的耐心却被消磨得越来越少，今朝有酒今朝醉，明天就成了各种麻烦的一个垃圾桶。

这种"低估今天，高估明天"的幻觉，恰是文明自带的时代病。如今资讯与媒体技术无孔不入，在人们面前营造了一场人间盛宴近在咫尺的幻象。如果说几百年前帝王将相、才子佳人都只是词曲里吟唱的传说，如今，金字塔顶端只跟每个人相隔一个屏幕。于是副作用便产生了：现实世界里成长之路该有的距离感，瞬间被挤压得所剩无几，飘飘然以为自己跟伟大之间只隔着一杯咖啡、几笔投资和几个有趣的创意。当然，天真地将这种幻想当做事实的人还是少数，但被各种神奇潜移默化出的"眼高"和清醒认知下的"手低"，形成了强烈反差，它始终撕扯着现代人的内心，甚至令人心力交瘁。当无力面对现实时，人的本能就是逃避。

这或许是"听过很多道理，可还是过不好这一生"的喟叹在"拖延症患者"之间广为流传的真正原因。不过，在长期跟拖延症做顽强斗争的过程里，你会越来越觉得或许最后克服它不需要什么道理，真正的精髓就在四个字：马上就做。对此，王阳明说得真切，"知行合一"就是"知为行之始，行为知之止"，可以"简单粗暴"地理解为，所谓道理就是知道了就去做，知道做不到等于不知道。

人终究是由他所做的事来定义的，而不是他听来的道理，所以"鸡汤"读得再多、"鸡血"打得再足，也抵不过现在就放手去做，因为明天去做就比今天又晚了一天。

与其抱怨，不如改变

文·莫主编

生活，就像是一条河流，无论前方是潮平岸阔还是暗礁密布，你只许往前走，不允许往后退。从跌倒后哭哭啼啼的不知所措，到奔跑时脸蛋上那自豪的微笑，不经历跌倒的孩子永远也学不会走路。

成功的路上，必定有鲜花，也有荆棘；有欢笑，也有眼泪；有梦，当然也有梦破碎的时候……人生的道路也总会有许多坑坑洼洼，摔倒后，每一次的抱怨和愤懑，会停滞你前行的步伐，而每一次的接受和改变，将激励你勇往直前。

刚毕业的苏小姐在一家公司做文案，工资不高，但她认真地做好每一件事。从踏进公司的那一刻起，抱着学习态度的她处处小心留意，一心要把工作做得最好。别人不加班，她加；别人不想做的脏活、累活，她做，无论是会议纪要、领导致辞，还是活动方案、新闻通稿。没有什么职场经验的苏小姐，只想通过自己的努力,赢得公司的认可。

但她的努力并没有引起老板的注意,相反,却让她的同事心生怨念。他们认为苏小姐太爱出风头,一个人完成整个部门的工作,不把前辈放在眼里,没有一点团队精神,而且"屡教不改"。慢慢地,大家开始在背后诋毁她,在工作中孤立她、欺负她,几次三番地打她的小报告,她的主管也认为她不称职。

两个月的试用期后,苏小姐被叫到人事副总的办公室,人事副总对她说,对于企业来说,最重要的是团队精神。如果所有人都觉得你不行,那说明,你并不适合这个公司。特别是在私企,每一分钱都得花在刀刃上。人事副总说,像苏小姐这种人,不适合出来工作。

苏小姐被说傻了,她不知道自己哪里做错了,更没有想到她的付出竟然得到这种评价。不过她没有生气,微笑地说:"你说我不适合出来工作是你的看法,这并不代表我的能力就是如此!"

人事副总也毫不客气,他说任何一家企业都不需要苏小姐这种爱出风头的人,任何一个团队都不需要苏小姐这样的"老鼠屎"。

面对人事副总的刁难,苏小姐一直保持冷静,她说她尊重他的看法,但无论他怎么说,她相信自己的能力,也相信自己的认真。

> 所谓的成功，不过是一次又一次选择，
> 一次又一次的跌倒、前行、再跌倒、再前行。

并且，很正式地宣布，从今天开始，她辞职了！

辞职后的苏小姐，并没有受前公司的影响，更没有因此而怀疑自己的能力。相反，她开始总结，为什么自己的辛勤劳动会被人诋毁？被指责没有团队精神？正是这次的辞职，让苏小姐理解了，并不是每一个团队都适合自己的理想。

之后，苏小姐从销售做起，被无数人骂骗子，遭到无数人的白眼，被主管一次又一次劈头盖脸地说没用。每次受挫时，苏小姐冷静地分析其中的原因，总结不足之处，再乐观地前行。没几年光景，她成了某品牌大区金牌销售，带出了数十个精英销售团队。

相信，很多人都遭遇过这样的情况，被客户骂是猪，被同事说没团队精神。有时候，是因为能力不足，是还不清楚自身在团队中的支点。在面对同事的误会时，不必急于反驳，没有人会无来由地误会你，除非是你的行为损害了他们的利益。遇到辱骂，首先要冷静，这样你才能看清自己的缺点，才能看清辱骂背后的起因和机遇。

面对打击，不要一蹶不振或者怨天尤人，而是应该冷静地分析自己失败的原因，找准问题、改正问题。跌倒了，就爬起来继续勇敢地走下去，何惧没有鲜花和掌声？

每一个团队其实都有自己的气质，有些团队适合做事业，有些团队适合混日子。对于你来说，选择一个什么样的团队，决定了你未来的生存方式，以及与理想之间的距离。路不会在你的脚下，只会在你的前方。所谓的成功，不过是一次又一次选择，一次又一次的跌倒、前行、再跌倒、再前行。

通往成功的大道上，困难、挫折必不可少，每一次跌倒后的深思，每一次爬起后的前行，都将助力于你披荆斩棘，把困难踩在脚下，拉近与梦想的距离。每一次跌倒后的领悟，便是一次成长；无数次跌倒后的领悟，便是成功！

年轻人哪，
不能太舒服了

文 · 徐嗖

1

昨天，和一群北漂的兄弟吃饭，他们都来自三四线城市，回到家乡一定能找着一个安逸的工作，领着一份不算高却足以让自己轻松过日子的薪水。

可现在，他们一个在金融公司打工，每天通勤就得一个多小时；一个在大型国企做法务，每天事儿杂得，就差给别人端茶送水、洗衣叠被了；还有一个在会计所当会计，忙时加班能到晚上十一二点……

问起他们为什么要北漂，答案却出奇地有默契：北京机会更多，比起舒服，出人头地才是自己真正的追求；况且，只有"脱贫"了，以后才有真正的舒服。

一个朋友说：北京是有梦想的人才会来的地方，而哪个人实现梦想又会是舒舒服服的呢?

事实正是如此。二十岁就想要六十岁的舒服,到了六十那会儿,你就能感受到生活的不舒服和内心的挣扎了。一眼望穿人生的舒适并不叫舒适,那叫碌碌无为。

2

我曾经有过一段在外人眼里舒服得不行的生活。每天上班不用打卡,永远都能准时下班,工作压力几乎没有,下了班就是玩游戏,回到家吃了宵夜倒头就睡。一到周末,基本上都是赖在床上不动。我妈叫我出去运动,我不去;我爸说那你看会儿书吧,我不看。无所事事地把周末过完,又是轻松的上班时间。

一开始,我对这样的生活状态无比满足,就是给我个神仙做做,我也不换。

不过,很快我便进入了惶恐的阶段。我经常都会听到某个朋友做了哪个大项目,一个月流水上千万;某个同学签了笔大单,年纪轻轻就给自己买了一辆梦寐以求的跑车;某个发小考过了注册会计师,进了"四大"做会计,即将走上人生巅峰……

同龄人间的交流难免有些压力,当别人问起我的情况时,我才发现,自己除了长了几十斤的膘,别的本事一点长进都没有;除了尿酸高,业绩一点提高都没有,顿时羞愧得无地自容。

舒服意味着没有压力,而没有压力就等于没有动力,最终的结果就是当别人都在进步的时候,你还在原地踏步。当你在羡慕别人以后的生活会变得有多么舒服、畅快的时候,你就会发现自己眼前短暂的舒适有多么不值一提。

3

我的一位作家朋友,是标准的不累不舒服主义者。要说,他的人生也算精彩了,在江浙一家不错的 IT 公司做部门主管,出国旅行、买房买车,他都轻易能做到。但他却并不满足,每天下班后,马不停蹄地回家写稿,一到周末则坐上火车,到不同的城市讲学。有时候,火车路程并不算远,他也要在车上好好地读书。

不少人看到他住在干净舒适的家中,每天小车一开就去上班,钱也不少挣,都觉得十分羡慕。却不知道,他花在努力上的精力远高于常人。

我特别好奇他为什么不让自己轻松一些,他却说:生活中真正的舒服是在充实的行动中获得的,而不是在无谓的消磨时间里偷来的。

俗气点说,他是疯狂地挣钱,可往深处想,现在他获得的东西越多,未来的日子就绝对比那些懒散的人更舒服。

4

经常会有读者跟我分享他们奋斗的心路历程。有个姑娘留言说,自己学业挺忙,但梦想是当个歌手。她经常背着乐器到各个酒吧转悠,希望老板能给她个机会登台。因为上课,有时她只能下午去,但是酒吧晚上人才多,老板自然不愿意大白天花钱让人唱歌。于是她主动说免费唱,能上台就行。没钱、没观众,但只要能唱自己想唱的歌,一切都值得。

前一阵子,我还收到一个读者留言,他说自己干了十几年的厨子,餐厅老板不愿意搞新花样,每天做的都是那几个菜,觉得没有突破。于是辞职,把自己不多的积蓄全都投入到创业当中,开了一家自己想要的餐厅……

我知道他们选择的道路一定不是好走的道路，他们将要面对的事情也一定不是轻松的事情。可是想想，有几个人的人生会是一顺到底、波澜不惊呢？奋斗的路永远不会舒服，或许会遭遇失败，或许会经历挫折，可是这些难过和不舒服也一定会让你充分地成长。

5

作家六六在《双面胶》里写过：这人哪，不能太舒服了，太舒服了容易得病。

以我的经历来说，太舒服何止会得病，年轻的时候太舒服，人就废了。

人不可能永远拿着一点看似过得去的薪水，安慰自己平淡是福，不累就好。当你老了，发现自己想做的事情做不了，想要的生活得不到，才会明白年轻时候用舒服来自欺欺人是多大的罪过，那时真的晚了。

前几天看到一组照片，说的是一个卸货工人，60岁，每天卸货300吨，每吨6毛。看了这个，所有的懒惰和矫情都会掉到地上碎成渣。

实话说，我们比这个老人轻松多了，不用为吃不上饭担忧，偶尔想小资一把也不觉得心疼，购物也不用一毛掰成两毛用，在家里舒服得就跟皇帝一样。

现在，只是叫你为了人生拼一把，苦一把，你怎么就怕了？

所有偷过的懒，
都会变成打脸的巴掌

文 · 巫小诗

　　小学的时候练书法，周末要背着墨水瓶去老师家，瓶子没拧紧，墨水把包里的文具都染脏了。于是我生闷气，觉得书法太讨厌，难学又惹祸，学了几天再不愿意去。

　　后来念高中，语文作文总拿不到理想的分数，硬着头皮问老师原因，他说："文笔不错，可惜字丑了些。"到学校组织作文比赛的时候，老师甚至主动建议我："写完找个字好看的同学帮你抄一遍，否则得奖的可能性很小。"

　　大二的时候考驾照，带我的教练脾气很不好，我被骂哭两次，被羞辱智商 N 次。我跟自己赌气，说过阵子再学，后来干脆就没再去驾校，如今即将毕业的我，依然没有驾照。等到过年回家，我所在的小城市的出租车，春节是不开计价器的，十元钱的路程，能漫天要价地说三十元，不坐拉倒。家人在忙，家中有闲置的车，可是我不会开啊，我只好去拦出租车，送上门给他们宰客。还有半途而废的游泳,三天打鱼两天晒网的美术,"明天再背吧"的单词……它们都在后来某个猝不及防的瞬间,跳出来为难我。"因果报应"真的是恒久存在的真理,所有偷过的懒,都会变成打脸的巴掌。

新家装修的时候,有一部分家具是手工现做的。木工师傅在我家工作的时候,大门敞开着通风,一位来邻居家走亲戚的老伯,特意进来旁观。老伯说,自己现在还在遗憾,当年没有好好学做木匠。原来,他年轻的时候跟着老师傅一起学过木匠,但觉得太精细太麻烦,还被割伤过手,就不愿意学了。接下来,老伯想做一些轻松简单的活儿,于是就跟着亲戚一起去沿海打工。可是老伯并没有一技之长。他去过搬砖的工地,去过流水线的工厂,最后忙忙碌碌十几年,依然没在大城市安下家,只好回家乡做点小买卖。曾经跟自己一起学木匠的伙伴,如今一个个成了当地令人尊敬的手艺人,甚至开起了自己的家具制造厂。而他,只能站在陌生的门边,欣赏别人"展示"着他曾放弃的技术。

记得蔡康永写过:十五岁觉得游泳难,放弃游泳,到十八岁遇到一个你喜欢的人约你去游泳,你只好说"我不会耶";十八岁觉得英文难,放弃英文,二十八岁出现一个很棒但要会英文的工作，你只好说"我不会耶"。人生前期越嫌麻烦，越懒得学，后来就越可能错过让你动心的人和事，错过新风景。我现在深深觉得这是个"真理"。减肥的时候偷懒，夏天满大街是瘦长腿的时候，你只能对着自己的肥肉生闷气。上学的时候偷懒，同学们一个个念名校、入名企的时候，你又只能在深更半夜里抱怨怀才不遇。所有偷过的懒，都会变成打脸的巴掌。我不知道怎样去劝服一个懒人改过自新，我只知道：打脸会疼，脸肿了会丑。

我们如此努力，
是想对人生多一点控制力

文·陶妍妍

1

公司里曾有个妹子，是个健身狂人。我刚来公司上班时，没来得及配椅子，她就把自己的椅子让给我坐，然后从桌肚底下滚出一只粉红色的瑜伽球，气定神闲地坐在上面。

我下巴快掉下来，她潇洒地摆摆手："没事，坐这个有利于锻炼腰腹肌力量，但坐姿一定要正确。"

有一天，大家排队热饭，她一言不合把腿跷到半人高的水吧台上，现场表演一字马。

天气不错时，她中午会把瑜伽垫背到楼顶的平台，然后平板撑看电子书……

有一次我们聊天，她说自己刚生完孩子时，体形也是惊世骇俗。出了哺乳期，跟老公打赌，看自己一个月能不能减掉十斤肉。结果，没减掉，"赌资"被老公拿走。她虽然肉疼，但那一个月把健身的好习惯培养了起来，从此爱上了健身。

有一天午休，她在办公室教我一些简单易学的健身动作。先发了两个小巧的哑铃，我拿着划拉两圈，简单嘛。她仿佛看穿我的心思，"你就一边看综艺一边划圈，十个一组，每次做十组，坚持一个月，蝴蝶袖肯定有改观。"

然后她自己跑到墙根，顺墙往下溜，扎了个靠墙马步，端起一本书，气定神闲看起来。我凑上前学她，没数到十秒，直接腿一软蹲倒在地。

她笑嘻嘻地看着我，"健身习惯要逐步养成，渐渐你对身体的控制力就会一步一步加强。原本很多做不出来的动作，突然有一天都可以做了，能控制身体的感觉特别好，这比减了多少斤肉、有没有马甲线还让人开心，这就是健身的魔力。"

是她告诉我：通过不懈努力，对自己的身体拥有一定的控制力，是件非常开心的事。

2

我有个作家朋友，他三十年的人生，足以写本小说。现在算得上一线散文家,却只是初中毕业。

他说因为家境贫寒,十四岁就扛着一床被子去工地做小工,推不动翻斗车,先从搬砖开始做。看着楼缝间洒下的阳光,心里觉得这不应该是他的人生。拿着第一个月的工资,他坐上去夜市的三轮车,买了一套四大名著,外加一本新华字典。

每天下工,别人嗑瓜子、斗地主、看广场舞,他就窝在工棚,在老布帐子里点一盏灯,一点点啃那些厚书,看不懂的字和词,就去查字典。

他不知道自己在干什么,就觉得捧上书的时候好快乐;也不知道要怎样长大,但坚信自己不会停留在尘土飞扬的工地上。他漂泊过十几座城市,一直没丢的,是那本新华字典。

他读过的书很多,从囫囵吞枣,到建立体系;从模仿名家写作,到调和好自己的气息,在文字上独成一派,用了十年时间——十年后,他保持着一年出两本书的节奏。

有次我们聊天,他说:"我最讨厌一些人,明明写不出什么东西,非怪这个时代没人欣赏;过得清贫,非嘴硬喜欢岁月静好。真正的好东西,怎么可能没人欣赏?而且,岁月哪是你想静好就能静好的。过日子像舟行水上,只有十分努力,才有能力控制方向,这时想喧嚣还是静好,才是一种选择。"

是啊,静好的人生,其实外面有一层名叫"实力"的保护罩。虽透明,却是一层金刚罩呢。

3

上次去北京出差,拜访的公司在长安街上,晚上约饭的地点在羊房胡同。提前滴车,看定位还挺近,结果左一个电话右一个电话,一会儿让我去东门,一会儿让我奔南门,折腾了一二十分钟,特恼火。

电话那头的滴滴司机是个北京小伙,有点口吃,不停道歉,搞得人撮火却发不出来。

终于来了。看我脸色不好,他一直想聊天缓和气氛。直到聊到音乐,话匣才算打开。

他出身音乐世家,父亲在交响乐团吹长号,他打小被送去学钢琴。"你不知道有多变态,就跟训练奥运冠军似的,规定我每天放学必须练三小时琴。"

他说,小时候最大的梦想,就是看一集完整的《花仙子》,

但那样会耽误练琴。他爸每天下班回来第一件事是摸电视机,如果电视机屁股是热的,接下来稳、准、狠一顿胖揍。

我来了兴趣,追问他:"那怎么办?"他看看我:"有些梦想只能是梦想,我打小就认清了现实。不就是考十级嘛,我小学毕业前就考过去了,自此,再也不碰琴!想对生活说'不',要有实力的。"

我对这位小哥有点崇拜了,又有点不甘心:"那么多年琴就白学了?"

"音乐还是很爱的,现在我听美国民谣,也在家做电子乐,喜欢音乐不一定非整交响乐。音乐就是让人快乐的,没有形式上的高低贵贱。"

小哥现在做的是和音乐毫无关系的进出口贸易,工作压力大时,就出门拉活和人聊天。他说,每个人身上都有故事,平凡的人总给他很多正能量。

在北京巨堵的周五傍晚,他花了一个半小时把我运到胡同口。车后,各种自行车、三轮车催促,他摇下窗户对我扯嗓子喊:"记得给我五星好评啊!"

人生没有白走的路。如果还看不见梦想的目标,大不了,再多走两步。

4

作家廖一梅在《像我这样笨拙地生活》中有几句话,我很喜欢。

"我坚信,人应该有力量,揪着自己的头发把自己从泥地里拔起来。"

她说:"在每个死胡同的尽头,都有另一个维度的天空。"

她还说:"你如果是一辈子都快乐无忧的人,那你一定是个肤浅的人。"

我和她一样,是一个乐观的悲观主义者。我不相信这世界上有绝对的快乐,就像我不相信有时间带不走的悲伤。

人生由酸甜苦辣组成。小时候以为人生只要按部就班,就会一帆风顺。长大后才明白,每个人都有命运送给自己的礼物,只是有些人会唠叨给你听,而有些人会埋在心底。

难走的路,就可以不走吗?很多时候,我们并没有选择的权利啊。

唯有,无论顺境逆境,都不放松努力生活,一点点增强自己的实力,这样,面对人生的风浪时,才可以多一点点的控制力。

人生的路线需要规划,但无须过度规划。

别人拿不走你的是日益增强的力量、卓越的见识、强大的心力,以及遇过事的淡定。

我相信,人生没有白走的路。如果还看不见梦想的目标,大不了,再多走两步。

世上哪有那么多捷径让你走

文 · 别吵我烦着呢

1

周六大清早和几个朋友在网上合体打怪时被老妈催着去窗帘店取一个配件，窗帘店按正常路径离我家相隔三条马路，需要过三个红绿灯，大概四千米。

很不情愿的我开着车出小区准备过第一个红绿灯时，瞄见右拐那条小路，虽然是这个城市的土著居民，但是有些小弯道小弄堂还是有点摸不到北。

但是这条小路我记得有次晚上和朋友开车穿过，不算陌生，心想我走这条路至少可以省七分钟，一来一回省十几分钟，可以早点回家继续战斗了。

心想的工夫车右拐一下，就钻进去了那条小弄堂。

走了大概五十米，就后悔了。

这条小路是单行道，平时机动车出入就不算多，路两旁是密密麻麻的居民区，从这里穿到窗帘店那条街上，需要穿过五六个小胡同。

今天运气不好，拐到第二个小胡同时，有一户人家筹备办喜事，路边停了三四辆车，我一看过不去，就想倒回去，可是后面不知什么时候跟了辆面包车。没办法，只能下车好声好气跟他们商量挪一下车我要过去。

他们看我一个女司机，一副不会开车的样子，担心不让路我会直冲过去，便很爽快地将车拐进旁边胡同，让我直行过去。

胡同窄，挪车的过程也是有惊有险，不时还有电车穿过，我也顾不上是不是剐蹭我的车了，那么冷的天出了一身汗，总算平安过去了。

后面不断有车跟进来，倒回去是没有可能了，只有硬着头皮往前开。

拐到第五个胡同时，松了口气，胜利在望。终于有心情开下窗户透口气。

还没放松一分钟，看见前面乌压压的人，心想今天出门没看黄历啊。

这个胡同尽头有个小庙，今天竟然是各位香主的集会，三三两两的电车、自行车、汽车基本将路占满了,移动根本没可能。

现在我只有两个选择,要么弃车步行,要么就等集会结束人流车流散去。

第一个选择明显不现实,我后面还有等着过的车。全体往后倒也不行,办喜事那家子那条胡同根本过不去。

那么,既然没任何指望,就只能等了。

下车看车前门那里毫无悬念地被自行车、电车剐蹭出几道深深的痕迹,露出了黑色的底漆。

在车上骂天骂地骂自己,手机快被打怪的基友打爆了,我妈的电话我接都不敢接。

就这样,八点出门,十二点才从胡同拐出来,走大路的话只需要十五分钟,我抄个小道整整用了四个小时。

2

说到走捷径的问题,想到周围生活里也有很多姑娘觉得干得好不如嫁得好,硬生生逼自己走上一条整容上瘾的不归路,拿着范冰冰和Angelababy的照片整完胸部整鼻子,整完鼻子整身体,她们觉得容貌就是变成白富美赢取高富帅登上人生巅峰最大的筹码，在其有限的人生阅历里认为女人年轻美丽是走向成功最有利的捷径。

不可否认的是社会上有些许貌似成功的例子，给千万个姑娘们一个更加坚信自己可以成功的理由。她们不知道的是那些成功的例子里包含着太多的偶然和不确定性以及给那些当事人带来的风险和教训，而这些恰恰是那些前仆后继的姑娘永远不会知道的。

很多励志的文章里说成功的捷径投射在男人身上是极度不靠谱的。我们都要做一个不糟糕不打折不便宜的姑娘，要内外兼修，要活出自己独特的人生色彩。

3

我一个女性朋友去年报考一个县城的税务部门的公务员，她告诉我时我直接劝她别浪费时间和精力。大家都知道，越小的地方越存在潜规则，有点权势的都愿意走捷径，像税务部门这种热门岗位，狼多肉少，怎么可能轮得到她那种没背景刚毕业一穷二白的学生？

说到我这个朋友还真是学霸一枚,大学是学税务的,四年下来竟然还拿了个全勤奖,年年拿特等奖学金,专业知识成绩更是名列前茅。我劝她不考是真担心她面临了一些并不公平的竞争后对社会失望。

一根筋的她不听我劝,说是不信这个邪,一头扎进轰轰烈烈的复习备考中,那种勤奋程度快赶得上头悬梁锥刺股了。

三个月后我接到她电话说她过了,并且是以总分第一名的成绩被录取。

她说她知道这类考试很多有关系的人在面试环节找熟人拉关系,所以她笔试时努力考了一个甩第二名几条街的分数,本想着面试成绩即使低点也能考上,结果面试时由于她优异的表现,考官很满意,直接给了一个极高的分数。

最后在我的祝贺中,她总结发言说生活对很多人是不公平的,毕竟我们作为普通人中的一员,不是"官二代""富二代",我们走不了捷径,那就别想着走捷径,踏踏实实走好每一步,生活总会给你一份还算满意的答卷。

虽是平时觉得挺鸡汤的话,但是此刻我对着电话猛点头。

4

周末在家换台时换到《婚姻保卫战》,刚好听到这么一句:"人啊,不能老想着走捷径,你以为你抄了个近道,弄不好是个岔道,一不小心就误入歧途了。天上掉的馅饼也不能要,都是老天爷不爱吃才扔下来的,不定藏着什么硌牙的家伙呢。"

我对着电视又一顿猛点头。

所有的苦，
以后都会笑着说出来

文·阿春牧羊犬

周末参加了一位企业家的宣讲会，讲述的是他们公司的情况和理念，受益匪浅。但更让我难忘的是他自己年轻时的故事。

他说，自己现在身家千万，有房有车，很幸运也很感恩。但你可知道，如此功成名就的他，也曾在工地搬过砖，在公园里流浪过，在餐馆里吃过剩饭。那时事业刚起步，需要大量资金，他就把自己所有的积蓄都投了进去，最后失败失去了所有。

那段日子是他人生最黑暗的时刻，身无分文的他被赶出了出租房，找不到工作就露宿公园，没钱吃饭就到餐馆前等着别人的剩饭。后来实在没有办法就去工地搬砖，很累很苦，但至少有个可以睡觉吃饭的地方。

有时候，追梦的路上，除了要坚持、肯努力外，还得吃得了苦。咽得下多痛苦的经历，才扛得起多沉重的梦想。

多年后，当这位企业家再次回忆那段苦涩的岁月，他是面带微笑的,仿佛那时候的痛都不曾伤害过他。他说,很感谢那些年吃过的苦,正因为经历过,才知道自己现在拥有的是多么幸运和幸福。苦尽甘来,熬过了,你我终将看见希望。

曾有个大学同学出身贫寒,从山洼的小村子里考进了大城市。他家很穷,向村里借遍了钱才凑够学费,他看着佝偻身躯的父母、躺在床上的奶奶以及刚上初中的弟弟,倔强地说不去上大学了。结果是,父亲给他一顿狠打,然后不容置疑地说,这学一定要上,砸锅卖铁也要让你上。

等到了大学,他申请了贫困生资助,领到了学校的补助,每个月几百块,够他的生活费。从没看他上网买过衣服,除了生活必需品,他的宿舍几乎一片空白。有同学送了他一部二手的旧手机,他为此感激了好久。在空闲的时间,他总能找到各种兼职,每次赚到的钱,他都小心翼翼地折好放在枕头下,等到月底就寄回家,让家里还点债。

他以为只要熬过这段时间,等毕业了就能工作赚钱,就能给家人带来好的生活。可命运总是爱开玩笑,在他大三那年,噩耗突然降临,老爸在工地上从高空坠落,需要截肢。他当时完全慌乱了,一个人躲在角落哭,他不知道为什么生活要这样待他。

> 多少苦楚终将过去，只要我们再走一步，再坚持一下，
> 跨过去了，就是远方。

终究，他还是继续了自己的学业。辅导员知道他的情况后组织了一场募捐，老家的政府也给了他家一定的资助。虽然生活依旧艰苦，但至少还有出路。

此后，他变得更加努力，毕业时获得了学校的"优秀毕业生"称号，并得到了一家著名公司的 offer。毕业那天，他请全班同学吃了顿饭。餐桌上，他第一次那么痛快地喝醉，醉眼蒙眬中，他站起来向所有人鞠了个大大的躬。他带着笑说，感谢大家在最黑暗的日子里给了他光亮，让他能坚持走到最后。

他说那段时间，他真的完全崩溃了，但最终熬过来后，才发现没有什么是过不去的坎。现在，他的生活正在好起来，虽然仍是一刻都不敢放松，但他不再抱怨生活。既然命运给了他这副牌，他唯一能做的就是尽全力打好。

很多时候，我们都会抱怨生活，觉得命运如此不公，自己拼了命地努力，吃尽了苦，却还是不能变得更好。但你真的还年轻啊，你现在所经历的苦难都只是人生路上的一点考验罢了。一生路，长漫漫，苦难艰辛都不可怕，怕就怕一点点小挫折就让你吓破了胆，慌乱了阵脚，甚至开始怀疑自己，怀疑人生。如果你连自己都不再相信，又该拿什么来面对整个世界？

所以啊，现在吃点苦，未必是坏事。尝一尝苦涩的人生，才能更加感恩生活，才能珍惜来之不易的幸福。多少苦楚终将过去，只要我们再走一步，再坚持一下，跨过去了，就是远方。只要那些磨人的苦楚没有将我们按死在过去，我们就还有希望，就有翻盘的可能。

为什么你总是那么忙，却又什么都做不好

文·汤小小

跟一位朋友聊起今年的计划，我的计划简单到只有写作这一项，她的计划抛过来，华丽丽地砸得我晕头转向。她有正式工作，不像我，无业游民一个。但是，她的计划都是工作之外的，我数了数，有四项之多。读书、健身、学英语、写作，每一样都足以让人忙乱不堪了。

看着她的计划，我阴恻恻地想，你就装吧，看到时不忙死你，看你能坚持多久！那之后，我就爱上了翻看她的朋友圈，想看看她被生活拖得筋疲力尽的嘴脸，想看看她到底什么时候放弃。

结果很让人意外。从她不时发出的健身照片，以及不停更新的文章中，我知道她一直在坚持。更关键的是，她没有如我想象中那么忙乱到一地鸡毛——人家有时间旅行，有时间做一顿精细的美食，有时间梳妆打扮买新衣，甚至，还有时间在网上跟人瞎聊。

我想知道，你工作那么忙，还做了那么多事，学了那么多东

西,你都是怎么做到的呀?朋友耐心解答了我的疑惑。她说,其实很简单啊,我每天花半小时时间健身,健身的同时学英语,花半小时读书,再花一小时写作,总共也就两个小时。其他的时间,都可以自由活动。有人随便翻翻朋友圈不是也得好几个小时?

我的下一个问题是:每天花这么少的时间,你怎么保证效果?朋友答:很简单啊,每天都做,养成习惯,从不间断,坚持下去,就会有惊人的效果。

什么在她嘴里都简单,这让我很不爽,但不得不承认,她的话很有道理。我们很多人要学一样东西,总是巴不得一个月就有奇效,因此加班加点,把生活弄得兵荒马乱,把自己弄得疲惫不堪。我们都羡慕别人能够过得从容轻松,但是有太多的理由让我们没有办法轻松。真相却是,我们太急功近利,不擅长放长线钓大鱼。

我们总想一夜暴富,用最短的时间成功,用最短的时间减肥,用最短的时间变漂亮,用最短的时间学会一门技能,用最短的时间练出肌肉。我们总是等不及,我们总是试图用最少的时间、最少的努力,得到最好的结果。结果就是,要么我们累得鸡飞狗跳,忙得连顿饭都没时间吃;要么我们实在坚持不下去,中途放弃了。

> 你一天做了多少事不重要,
> 重要的是你每天做了多少事。

认识一位作家朋友,每次看她的朋友圈,都觉得这家伙完全不务正业。她会在别人工作的时间跑到咖啡馆,会邀朋唤友去参加展览,还会在堵车的天儿跑半个城市吃顿美食,还有很多的时间在网上闲聊瞎逛玩游戏。当然,也有干正事儿的时候,比如出个差,谈个作品版权什么的,比如弄个签售会,跟读者见见面什么的,比如上个访谈,增加一点影响力什么的。

感觉她每天所有的时间都花在吃喝玩乐兼各种杂事上了。可实际上,人家出版了几十本书,有网络小说在连载,有剧本在写,每年都有几百万字的写作量。很多人加班加点,经常伏案到凌晨,周末也不休息,恐怕写的还不到人家十分之一。

这么多的字,她是怎么写完的?答案很简单,一个字一个字地敲键盘敲出来的啊。只不过,她敲得很有规律,她从不睡懒觉,每天早上六点起床,准时开始工作,到九点结束,剩下的时间,就可以从容轻松地吃喝玩乐了。

每天两三个小时,好像很少,关键是,一年三百六十五天,她从未间断。因为每天写成了习惯,往电脑前坐的那一刻不会觉得痛苦,而不间断地写作,让她的速度越来越快,所以,每天两三个小时,十年坚持下来,完全可以创造奇迹。

童话大王郑渊洁每天早上四点半开始写作，六点半结束，然后一整天的时间都可以轻松从容，做任何自己想做的事。他一个人支撑一本杂志，书一本接一本地出，是名副其实的高产作家。我一直以为，他肯定忙得没时间吃饭，可是他说，他是这个世界上最清闲的人。如果说有秘诀，那就是每天写作两小时，从不间断。

想想我们从什么都不懂的孩子，到认识那么多的字，掌握那么多的生活技巧，学会那么多的知识，感觉简直是不可能完成的任务啊。但是，我们从来没有觉得这有什么了不起，从来没有觉得这有什么艰难。因为从幼儿园开始，我们一直都在不间断地学习这些东西，日复一日，年复一年。所以，虽然我们一边上学一边谈情说爱，一边上学一边各种捣蛋，我们还是慢慢学会了那么多的东西。

你一天做了多少事不重要，重要的是你每天做了多少事。

任何事情都不可能一蹴而就，如果你偏要一个月减肥成功，偏要一个月背诵一万个单词，偏要一个月写一百万字，你肯定会忙得脚不沾地，肯定没有办法轻松从容。而如果你把任务切成无数个小块，每天都去做一点，你就会过得从容而轻松。这样，当然也更有利于你长久地坚持下去。只有长久的坚持，才是真正有意义的。

　　所以，现在你应该明白了，想要努力上进，又想要过得轻松从容，最好的办法就是养成良好的习惯，不慌不忙，每天进步一点点。

你只是看起来很努力

文·李尚龙

一次上课,一个女孩子垂头丧气地跟我说,老师,我考了四次四级,还没过,究竟是为什么。

我说,你真题做了吗?单词背了吗?

她拿出已经翻破了的真题,跟我说,你讲的所有的题目我连答案都记得,单词书也背了很多遍了,我这么努力,为什么过不了。

这是一个我印象特别深刻的学生,因为在我眼中,四级考试难度不大。据说,每年通过率有百分之八十多,那些没过的百分之十几还包括了裸考的和放弃治疗很久的人。我想,一个人要多有毅力,才能一直稳定地不过。

可是,看着这个学生满满的笔记,我心想,看起来是很努力啊,为什么还不过。

因为时间关系,我们草草地聊了几句,我就继续上课了。

在路上我再次想到了她,发现无解。这种感觉就像是一个医生知道病人有病,但就是不知道如何去医治他一样。

第二天，她又带着厚厚的笔记来问我。

我只能使出大招：你这么努力，放心吧，下次你肯定能过。

那位学生讪讪地说，但愿如此。

对这个世界来说，没有什么果是没有因的，即使现在因看不出来，但也一定是存在的。很快，我找到了这个女孩子的因。

那是我最后一次见到那个女孩子，她再也没有出现在我的课堂上。

结课那天，我去她的位置，指了指她身边的同学，问她身边的一个女孩子：你认识她吗？

她说，认识龙哥，是我同学。

我说，她为什么总是逃课？

她笑笑说，她事情比较多。

我明白了，这女孩子是学生会主席，同时兼几个社团的团长，参加活动组织活动很积极，朋友也很多。可唯一没有时间的事情，就是独处。而学习英语是一个特别需要独处的过程，需要一个人读很多遍，安静地背许久才能印在大脑里。而她只是做了一遍真题，草草地对了一遍答案，然后冲出自习室继续她学生会的事情了，至于这套题，在她脑子里面只是留下来了"我这么努力地做了一套题"的意念,其余的,根本就记不得几个单词。就像她告诉很多人自己报了一个英语班,可是几乎从来没有上过课;就像她找很多人探讨过怎么学英语,但是从来没有真正记住点什么。骗别人很容易,骗自己更容易,可是,骗这个世界的因果,有点难。

我想起了一个女孩子B,她总是喜欢找我推荐一些电影和书。所以我每次看过的书也会给她拿过去让她看。她每次看完,都会发一条微博,下面无数个点赞的。

有一次我跟她闲聊,你告诉我一下,上一本书你看完记住了什么吗?

她说,忘了。

留下一只乌鸦在叫。

回到家,我看她的朋友圈上说:又看完了一本书。我赶紧给她的朋友圈点了一个赞。

另一个朋友小路,特别喜欢去自习室,然后每次在朋友圈都会看见她的文字:最近很累;快考试了,最后几天拼了;早出晚归……

觉得她真的很努力。可是,该不过的,还是过不了。她的所有考试,留下的似乎都是各种波折和无奈。

因为毕竟,所有的努力,都不是给别人看的。这些努力,是否真正到达了内心，变成了你的能力？一次和她一起自习，看见她带了会计书、英语书、考试卷子，可是，这一切都没有用，因为她还带了手机。

她一上午的学习其实都是在刷朋友圈刷微博，这种所谓的努力，只是看起来很努力而已。

看起来每天熬夜，却只是拿着手机点了无数个赞；看起来起那么早去上课，却只是在课堂里补昨天晚上的觉；看起来在图书馆坐了一天，却真的只是坐了一天；看起来去了健身房，却只是在和帅哥美女搭讪。在我们身边，总有一些笔记记得很认真的人，但是考试成绩不理想；也总有那些学习成绩非常好，但看起来并不怎么认真的人。很多人把他们定义为聪明，而我认为，他们只是在学习的时候，摒弃了诱惑，一心一意地在努力，那些努力没有让别人看到，那段时间也没有其他的干扰，在玩儿的也用心地在玩。

学习之前，你有没有制订计划，告诉自己今天我要学到什么；背下来什么；掌握什么能力。没有目标的努力，没有计划的奋斗，都只是作秀而已。

你的生活，和别人看你的生活，是不是一样的？那些所谓的努力时光，是真的头脑风暴了，还是，只是看起来很努力而已？